英語はアジアで学ぶ
時代がきた！

フィリピン留学

PHILIPPINES
STUDYING
ABROAD

決定版

留学ドットコム創業者
中川友康

宝島社

はじめに

いま、この業界で大きなブームとなっているのがフィリピン留学です。私が設立した留学エージェント「留学ドットコム」でも、オーストラリアやカナダといったこれまでの人気渡航先を押しのけ、利用者の半数以上がフィリピンを希望するようになっています。

フィリピンと聞いて、みなさんはどのような印象を持たれるでしょうか。それほど遠くない東南アジアの島国ですが、他の主要国と比べると文化的・経済的結びつきが見えにくく、よくわからないという人も少なくないでしょう。発展途上国としての漠然としたイメージだけがあるかもしれません。

そのフィリピンへ、この国にだけしかない魅力にいち早く気づいた留学生たちが、こぞって英語を学びに行きはじめているのです。

「治安とか衛生面とか大丈夫なの？」と不安に思う人も多いでしょう。しかし、フィリピンの実情を正確に理解し、さらにフィリピン留学ならではのメリットを知れば、こうした不安を口にすることはなくなるはずです。

これだけ日本でフィリピン留学が注目されるようになったのは、ここ１～２年の話です。しかし、私は２００５年ごろには、「やがてフィリピン留学が注目されるようになる」と確信していました。それは、私がオーストラリアへ留学していた当時、周りにいた韓国人留学生が次々と消えていき、みなフィリピンへ行っているのだと聞いたからです。

語学留学の世界において、熾烈な学歴社会で英語教育が熱心な韓国は常に先駆者であり、日本はその後ろを追いかけてきました。それまで留学といえば、ワーキングホリデー制度を活用してオーストラリアやカナダへ渡るのが主流で、金銭的に余裕があればアメリカやイギリスなどの選択肢が加えられるというものでした。これも韓国が市場を開拓してきたのですが、そんな彼らがフィリピンへ行きだしたのですから、日本もやがてそこを目指すようになるとわかったのです。

そして、フィリピンにおける日本人向け留学市場が大きく成長したいま、ついに№.１の座を勝ち取ったのです。

留学は、人間を成長させるとてもすばらしい経験と、英語という大きなツールを与えてくれます。それは、私自身が身を持って感じたことです。

２００１年、私は22歳のときに大学院進学のためオーストラリアに留学しました。当初は

「キャリアを有利にする」という考えで、漠然と大学院留学を目指してオーストラリアのシドニーに来ました。海外の大学院は卒論（研究）がないケースが多く、授業を受けて規定の単位を取得すれば卒業というルールになっています。日本の大学院では卒論がありますので、卒論を書いていないことがマイナスにならないように、学問として学んだ経営学の知識が実践の場でどれだけ通用するのかという目的で、卒業研究の一環として大学院入学前にオーストラリア法人会社「留学ドットコム」を立ち上げました。当初はインターネットを駆使して日本からやってくる留学生に情報を提供し、学業との二足のわらじで後輩留学生の渡航をサポートしてきました。ありがたいことに大学院卒業時点では会社も成長しており、そのままの流れで２００７年に帰国して日本法人「株式会社トリプルファースト」を立ち上げ、名古屋から東京、大阪、福岡と拠点を広げて現在に至ります。

　シドニーに留学したばかりの私は、まさか自分が起業して会社経営しているとは夢にも思わなかったでしょう。それだけ留学というのは、人生が１８０度変わってしまうような可能性があります。日本にこもっているよりも、精神的にずっとタフにもなれます。これまで知らなかった世界をのぞけて、たくさんの刺激を受け、人生観が大きく変化するでしょう。将来に悩んでいるという人も、留学先で得た経験が未来を指し示す光となるかもしれません。

　なにより、英語は国際言語としての存在感が増しており、これからの必須ツールです。グローバル化がここまで進んだいま、仕事でも人生でも日本に留まる理由はありませんし、海を渡らなければならない状況もやってくるかもしれません。日本国内にいても、英語が必要となるシチュエーションはさらに増えるでしょう。英語ができればたくさんの人と意思疎通でき、ステキな出会いや大きなチャンスも生まれるはずです。

留学は、よい意味で人生の歯車を狂わせ、ワクワクするような明日を呼び込んでくれるのです。

フィリピンは、この英語力を磨くのに特に優れた留学先です。欧米圏の語学学校では敵わないほど充実した授業内容と教育体制で、わずかな期間でも留学生の英語力をメキメキと上達させてくれます。

なぜ、そんなにもフィリピン留学が優れているのか。本書では、その理由を一つひとつ解き明かしていきます。

そしてぜひ、英語ができる未来を想像してみてください。

フィリピン留学決定版——目次

第2章 フィリピンの本当のところを知る――041

第3章 自分に合った学校を見つけるためのAtoZ――065

第4章　徹底検証！　日本人に人気の20校最新情報

本書で記した情報は、すべて2015年6月現在のものです。

第1章

フィリピン留学が No.1となった数々の理由

Philippines studying abroad

いま、フィリピン留学が注目されている！

いま、英語を習得するための留学先として断然注目されているのが、フィリピンです。日本人がフィリピン留学しはじめるようになったのは、２００９年ごろです。フィリピンで語学学校が成長しつつあるという話は私たちエージェントの耳にも入っていましたが、日本人向けに開放されはじめたばかりの当時は恐る恐るという感じで、知名度もなく、欧米留学する前のプレ留学として利用することがあった程度でした。２０１０年以前までは、ほんの数百人といったレベルだったと思います。

しかし、**充実したマンツーマン授業、低コスト、距離の近さ、全寮制で勉強に集中できる環境**といったフィリピン留学ならではのメリットは、実際に経験した留学生の口コミや手配したエージェントの販促活動などによって、徐々に知れ渡るところとなりました。

そして現在では、英語留学を目指すなら必ず一度はフィリピンの名を耳にするくらいにまで、知名度を高めています。

現在、日本の年間留学人口は約6万人といわれており、ここ数年横ばいが続いています。英語に対するニーズは年々高まっていますが、一方で慢性的な少子化傾向にもあり、今後も横ばいか微減していくと思われます。これら留学生が向かう先は、カナダ、オーストラリア、

＜日本人のフィリピンへの留学者数＞　（出所：フィリピン政府観光省）

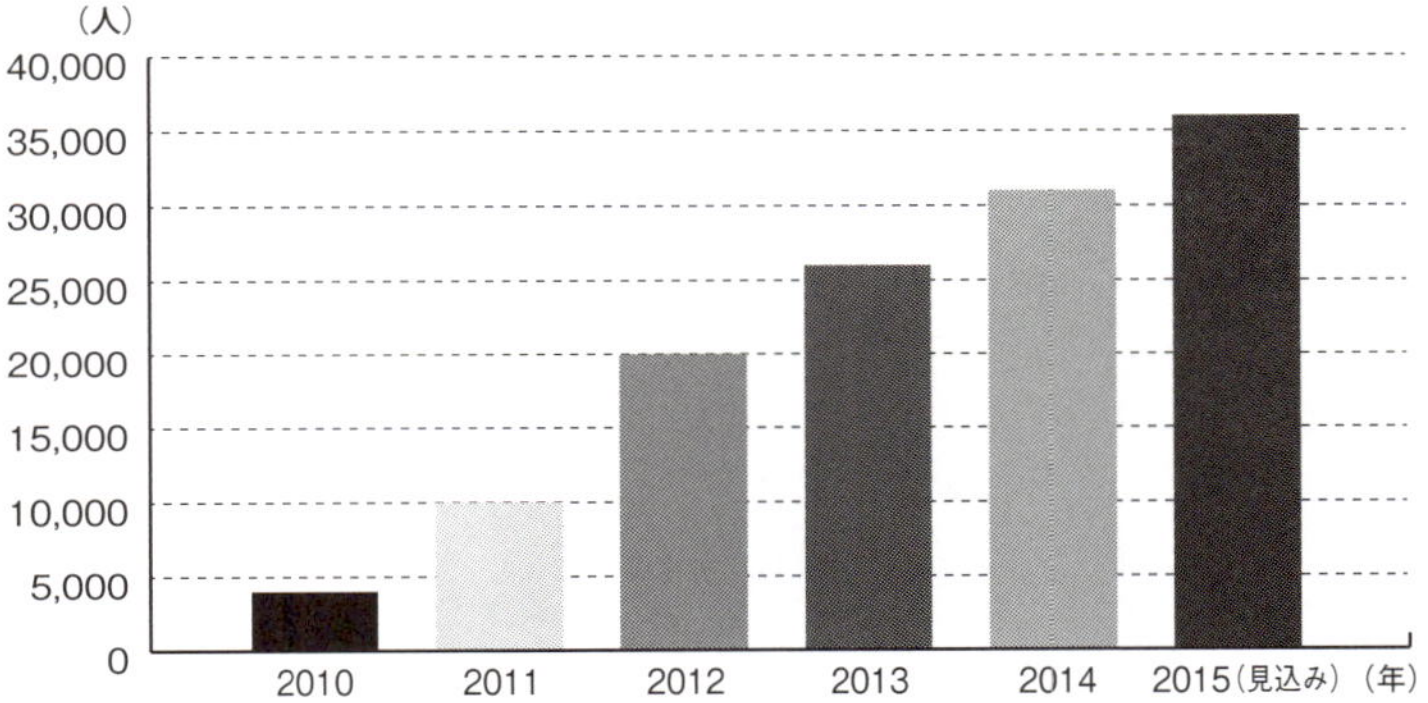

ニュージーランド、イギリス、アメリカといった英語ネイティブが住む国がほとんどだったわけですが、フィリピン留学が誕生してから様相は一変しています。

　フィリピン政府観光省が公表した日本人の年間フィリピン留学者数によれば、２０１０年にはわずか約４０００人でしたが、２０１４年には３万人を超え、**5年間で約8倍にも激増した**といいます。留学人口の総数にほぼ変化はありませんから、それだけフィリピン留学のシェアが拡大したということになります。いまや全留学生のうちの半数以上がフィリピンを選択し、晴れて留学先№１に輝いたのだということがわかります。

　「留学ドットコム」でも、欧米圏各国への留学説明会を行う割合を１とすると、フィリピンは１国だけでも２・５～３は行うといった具合で、それだけフィリピンに興味を持つ留学生が多いのだと感じます。私どもは決してフィリピン留学だけを得意としていたり、人気にさせることで特別なメリットがあるわけではないのですが、それでもこれほど大きな注目を集めているのです。

なぜフィリピンに語学学校が誕生したのか？

なぜ、２０００年以前はまったく無名だったフィリピンが、突然一大留学地となって世のなかに現れたのでしょうか？

その秘密は、隣の国である韓国にあります。ご存知の方もいらっしゃるかもしれませんが、韓国は近代において経済的な苦難を味わってきました。１９９７年のアジア通貨危機によって国内通貨であるウォン相場が大幅下落し、国内経済が大きく疲弊して、立て直しのために国際通貨基金（ＩＭＦ）の管理下に置かれました。これによって国内を牛耳っていた財閥の解体や経済システムの刷新など、あらゆる物事が大きく変化しました。韓国市場は海外に向けて開放されることになり、社会の体質としても、人々の意識としても、強制的に世界へと大きく目を向けざるを得ない状況になったのです。

そこで必要となってくるのは、英語です。**実質的な国際公用語となった英語を話せなければ、海外でも、そして市場が世界へ開かれた韓国内でもやっていけない時代になった**のです。

韓国は日本の何倍も過酷な学歴社会であり、大学入学にこれまで以上の英語力が求められるようになりました。就職においても英語力の有無が選考材料となり、国内トップ企業であるサムスンなどは、採用基準としてＴＯＥＩＣ９００点以上という厳しい条件をつけていますし、その他のＬＧやヒュンダイといった企業でも、ＴＯＥＩＣ８００点以上を課しているところが少なくありません。国内企業が難しければ、身につけた英語力を使って海外へ渡る、という選択肢も取られるようになりました。

こうした状況から、**韓国ではほぼ全員が学生時代に一度は留学する「全留」時代に突入**します。90年代は日本と同じように欧米圏へ留学していましたが、通貨危機による社会変化とウォン暴落によるコスト増を背景に、「これほどの需要があるのなら、もっと効率的で都合のよい留学先を作ればよいのではないか？」と考えるようになりました。その末に目をつけたのが、フィリピンだったのです。東南アジアではめずらしく英語を公用語としていること、わずか4時間ほどで行けること、フィリピン・ペソも同じように暴落し、物価も安いことなどが理由でした。

２０００年ごろから韓国人ビジネスマンがフィリピンへと乗り込みはじめ、次々に語学学校を設立。現地フィリピン人講師を雇い、教育のノウハウを蓄え、学習や生活の体制を整備していきます。そうしてフィリピン留学のスタートから約15年という月日が経過した現在、本当にすばらしい学校ばかりが選り抜かれ、フィリピン留学を人気No.１にまで押し上げるに至ったのです。

フィリピン留学のスゴさ①

充実したマンツーマン授業

フィリピン留学がこれほどの人気を獲得した理由は、ずばり「英語が身につくから」でしょう。留学にはさまざまな目的があると思いますが、「英語力の向上」が大多数にして、一番であることが多いからです。

では、なぜフィリピン留学では英語力を高められるのか。具体的には、マンツーマン授業が充実していることにあります。比較対象として、欧米圏の一般的な語学学校ではどのように勉強するか、見ていきましょう。

1日の流れとしては、だいたい5コマ、約4時間の授業と、それに1時間の自習時間を加えるというのが基本です。1クラスの人数は、だいたい15人前後であることが多いでしょう。ただ夏休みや春休みなどは、20人近くまで増えることがあります。授業には文法、リーディング、スピーキングなどがありますが、すべて講師が教壇に立ってレクチャーする座学形式で、テキストを中心に授業が行われます。大学の一般的な講義と似た内容です。決められたカリキュラムに沿って進められますので、自分が理解していようがいまいが、授業は次々に進行していきます。ネイティブである講師と直接会話する機会は、ほとんどありません。「ここまでなにかわからないところはありますか?」と問いかけられたときに英語で質問するかしないかくらいで、1時間のなかでわずか数分のことでしょう。会話のトレーニングは、隣の席にいる学生と行うことになります。「先週末はなにをしていましたか？」などのお題を講師が出し、それに対してペアを組んだ学生同士で10～20分の間、英語でのコミュニケーションを図ります。しかし、よく考えてみてください。話し相手になっているのは、自分と同等レベルの英語力しか持たない同じ学生なのです。ウンウンとうなずいていたとしても、こちらの英語を理解できているかはわかりませんし、自分の英語が正しいかどうか相手は指摘してくれないでしょう。講師が見て回っているとしても、クラスには7～10ペアの生徒がいるわけですから、講師が真横にいてくれるのは1時間のうち6～8分程度に過ぎないのです。そうした環境のなかで英語力を伸ばそうと思えば、たくさんの時間がかかることがわかると思います。

では代わって、フィリピン留学での授業はどうでしょうか。標準的なコースモデルは1日に8コマ、約8時間あり、そのうち5時間が講師とのマンツーマン授業、残り3時間がグループ授業です。マンツーマン授業でも用意されたテキストをベースに授業が進みますが、机を挟んで一対一で行われますから受け身で講義を聴いていればよいというものではなく、講師と英語で意思疎通を図りながら勉強していくことになります。1コマ50分、まるまる話すチャンスがありますし、相手は同じ生徒ではなく先生ですから、こちらの英語表現や発音で間違っているところ、足りないところを的確に認識し、指導してくれます。講師はより深い英語を知っているわけですから、生徒の英語レベルを見極めた上で、少しずつレベルを引き上げてくれるような語彙や文法を使ってくれるのです。また、講師は1コマごとに代わりますから、特定の人の癖がついたり、慣れ合いすぎてしまうこともありません。性別や年齢による、ちょっとしたいい回しの違いや授業の進め方の違いも味わえます。すばらしいのは、**授業の内容を生徒に合わせてカスタマイズできる**ことです。理解の深い項目はすばやく進め、苦手意識があったりもう一度復習したい分野に重点を置いてもらうよう調整することができるので、着実に、納得しながら英語力を伸ばせるのです。「これはどう表現すればよいの?」など、疑問点があればその都度解消できますし、多少横道に逸れても問題はありません。なお、よほどヘンな人はいないはずですが、性格上どうしても合わない講師がいる可能性はゼロではありません。「あの人の授業を受けたくない」と思った場合は、人員や時間的な余裕がない状況をのぞいては、別の講師に代えてもらうこともできます。

　こうしたところが授業に不満を抱きにくい点で、人気の高さに直結しているのです。グループ授業はマンツーマン授業を補うものですが、1クラス4～6人程度と小規模なため、受け身の内容といっても積極的な参加が必要になります。同レベルであるはずの他の生徒の学習具合を感じて、自分と比較してみるのもよいでしょう。マンツーマンほどこちらのレベルに合わせて話してくれませんから、実践的な目線で英語を使ってみる授業と考えてもよいかもしれません。

欧米圏とフィリピン、違いがおわかりになったと思います。フィリピン留学では、質と量に優れたマンツーマン授業によって、かつてないほどのスピードで英語を身につけることができるのです。

「欧米圏でもマンツーマン授業をたくさん取り入れられないの？」と質問をいただくことがよくありますが、不可能ではありません。しかし、欧米圏の英語講師をマンツーマン授業で拘束するには、1時間約1万円はかかります。**フィリピン並みに1日5時間のマンツーマン授業を行うなら、1日に5万円、休日をのぞいた4週間で１００万円**となり、現実的ではありません。フィリピン留学の場合は授業料に寮費や食費なども含まれていますので単純には割り出せませんが、人件費などを考慮すれば、1時間５００円程度です。わずか20分の1ですから、どう考えてもフィリピンのほうに分があります。イギリスなどでは「プライベートレッスン」を提供している学校がありますが、私はそこを受けた日本人を見たことがありません。アラブの石油王の息子のような大富豪が欧米圏の語学学校のマンツーマン授業を受け、送迎にリムジンを使っているという話を耳にしたことがありますが、みなさんにとっては参考になる話ではないでしょう。

フィリピン留学のスゴさ②

学習に集中できる環境

次に挙げられるフィリピン留学のメリットは、英語学習のみに専念できる環境が整えられている点です。

欧米留学は、日本の各種学校に入学したのと同様、毎日通学するスタイルです。現地住民の家にホームステイしたり学生同士でルームシェアしたりして、1時間から1時間半かけて公共交通で通学をします。ホームステイでは、衣食住の面倒をある程度見てくれるかもしれませんが、長くても1カ月くらいで、それ以降は別の部屋を見つけて自活していかなければなりません。外食ばかりでは費用がかさみますから自炊が必要で、食材の買い出しや調理器具の用意もいります。掃除や洗濯もあります。病気などトラブルに遭ったら、学校やエージェントのアドバイスはあっても、根本的には自分で解決しなければなりません。つまり、**現地に根ざした生活が必要になる**のです。もちろん、それも留学の目的のひとつと考える人も少なくありませんが、慣れない土地で不安を抱えながらの生活は、精神的にも肉体的にも大きな負担となります。疲労がたたって語学学校を欠席してしまったり、なんとなく学校から足が遠のいて落第していく学生がいるのも、欧米圏ではよく見かける光景です。

フィリピン留学の場合、ホームステイやルームシェアはまずなく、**すべて全寮制**です。学校の施設内、または併設した場所に1～5人部屋の寮が設けられ、全生徒がそこで居住することになります。ご飯は土日祝問わず、**全日食堂で3食が提供**されます。ホテルとは違いますのでシャンプーや歯ブラシなどアメニティーや生活雑貨は用意されていませんが、施設内に売店がありますから、大抵のものは街へ出ることなく買いそろえることが可能です。**部屋の清掃や洗濯もしてくれます**。学校のスタッフは同じ屋根の下で生活していますから、病気やその他のトラブルに見舞われても気軽に相談でき、病院まで同行をお願いすることも可能です。異国の地でも、日々の生活に大きな不安を感じることなく過ごせますから、勉強という一番の目的に集中することができるのです。

なぜフィリピンが全寮制を取っているかといえば、もともと留学生の大半が18～20歳の韓国人学生だったことに由来しています。親が安心して子供を送り出せて、またしっかり勉強に専念してくれるために、こうした環境が整えられたのです。平日は学校外に出られる時間はわずかですから、息が詰まるように思えるかもしれませんが、学校によってはキャンパス自体広々として開放的ですし、やはりここまで手厚く整えられた環境というのは語学習得に理想的だといえます。

フィリピン留学のスゴさ③

圧倒的なコストパフォーマンス

ここまで見ていただいただけでも、フィリピン留学のスゴさを感じられたかと思いますが、コストパフォーマンスという視点でも見ていきましょう。実際に留学するにあたって大きな関心事となり、障害ともなるのが費用だと思いますが、やはりこれも欧米圏に比べフィリピンに大きな分があります。

成長著しいフィリピンですが、発展途上国ということでまだまだ人件費は安く、フィリピン人の標準的な月収は日本円に換算して２万〜３万円ほどです。４万円を超えれば、かなりの高給取りといえるでしょう。食品や日常生活用品などは、日本の１／３程度と考えておけばよいと思います。外食でお酒をめっぽう飲んでも、１５００円もかからないでしょう。そして、実際のフィリピン留学でかかる１カ月の費用は、３食部屋つきの授業料で17万〜18万円ほど。休日遊びに行ったとしても、遊興費には２万〜３万円あれば十分です。

これが欧米圏であればどれくらいになるでしょうか。為替レートの変動や都市、各学校によってもまちまちですが、オーストラリアなら１カ月の授業料として11万〜13万円、家賃や食費、交通費、雑費などの生活費に12万〜14万円、イギリスなら授業料に16万〜25万円、生活費に17万〜20万円は想定しておかなければいけません。

３カ月、半年、１年……という留学期間を考えると、長ければ長いほど両者の費用差はさらに大きく広がります。

渡航費も馬鹿になりません。フィリピンへは格安航空券であれば片道おおよそ３万円、ピーク時でも６万～８万円で済みますが、イギリスなら格安航空券で片道おおよそ５万円、ピーク時なら20万円以上することもあります。

発展途上国と先進国、近隣アジアとアメリカ／ヨーロッパ／オセアニアという違いは、このように費用面で決定的な違いをもたらすのです。

また、費やされるコストということでは、金銭だけでなく時間も重要です。

前項で説明したとおり、フィリピン留学は基本的に３食部屋つきの全寮制を取っています。これは勉強に集中できるというだけでなく、無駄な時間を省略してくれることにもつながります。欧米圏へ留学していれば、毎日次のような時間が必要になるでしょう。学校への通学に２～３時間、朝昼晩の外食や食品の買い出し、自炊などに２時間、洗濯や掃除に30分～１時間……。フィリピン留学なら、教室までは歩いて数分ですし、食事もついていますからこれらの時間は不要です。さらにいえば、外部との接点がほとんどなくて全学生が同じ屋根の下で暮らしていますから、服装への気遣いはほとんどいらなくなりますし、女性ならメイクもしなくなるでしょう。実際、みな半袖短パンのラフな服装で、女性はすっぴんで過ごしている人も珍しくありません。

これらを合わせると、**毎日4～6時間も浮かすことができる**のです。これはとても大きな違いになります。

18ページから授業内容について紹介した際、「欧米は1日5コマなのに、フィリピンは8コマ以上もあるのか」と驚かれた人もいたかもしれませんが、こうした時間の節約があるからこそ可能になります。時間がたっぷりあるから勉強に充てようというだけで、無理やり詰め込んでいるわけではないのです。

欧米圏の場合、学校の授業以外にも語学の時間を取ろうと思うと、睡眠に充てるべき時間が費やされがちです。わからなかったところを復習しようと夜遅くまでがんばったものの、翌日は睡眠不足で集中力を欠き、再び授業内容がわからない……といった悪循環に陥ってしまうケースも少なくありません。

しかしフィリピンの場合は、朝からみっちり授業が行われるものの18時には解放され、夕食を摂る他は自由です。むしろ寮生活ですから、なにもしないでいては時間を持て余すため、自習に充てる人も多くいます。8コマの授業の他に4時間自習し、毎日12時間勉強しているという留学生もめずらしくありません。そこまでやっても睡眠時間を削る必要はなく、**毎日きっちり7～8時間は眠れる**でしょう。体調を崩す心配はありません。

欧米圏で1日12時間勉強しようと思ったら、睡眠時間は4時間を切ってしまうのではないかと思います。長続きはしません。実際私が知るところでは、ドロップアウトしてしまう人は欧米圏のほうが多いのです。

費用的コストも、時間的コストも、それらパフォーマンスはフィリピンが圧勝しています。どちらも有限で貴重なものであり、無駄にしたい人はいないはずです。学生であっても、若さを無駄にするのはもったいないことです。貴重な休暇を費やした社会人なら、1日1日を無為に浪費できません。将来を見据え、会社を辞めてまで留学する人なら、長期の離職は再就職時のデメリットとなりますから、最短で目標とする英語力を身につける必要があります。

フィリピン留学なら優れたコストパフォーマンスで、効果的&最速で英語力を向上させることができるのです。

講師の質はよいのか？

「とはいえ、講師はフィリピン人なんでしょう？　本当に大丈夫？」と疑問に思われる人もいるかもしれません。確かに多くの日本人にとって、フィリピンと英語の関係性や現状を理解している人はほとんどいないと思いますから、その疑問も無理からぬことだと思います。

結果から申せば、心配は無用です。フィリピンの語学学校にいる講師は、みな英語教育に長けたプロフェッショナルです。その理由をいくつか挙げてみます。

第一に、**フィリピン人講師の多くは成績の優秀なエリートで、かつ育ちも確かな人が多い**という事実です。もしかすると、公用語とはいっても片言で大した英語を話していない、と考えてしまう人もいるかもしれません。確かに年配のフィリピン人のなかには英語が達者でない人もいますが、公用語化した30数年前以降は国を挙げて英語教育に取り組んでおり、卓越した英語能力を備える若者は多いのです。実際、フィリピンは日本以上に教育格差が激しいため、講師となるほど英語力を身につけた人というのは、学業に秀でたエリートといえるでしょう。そこまで教育にお金を費やせる家庭で育ったともいえますから、良識と品格を備え、頼りになる講師ばかりです。

第二に、フィリピンにおいて語学学校講師は憧れの高給職であるということです。いま、英語を教えるためのトレーニングを積んだフィリピン人の多くが、韓国人や日本人を相手にした語学学校への就職を求めています。他の職業よりも給与が高いことと、社会的な名声が高いことから、能力のある若者がこぞって応募しています。大きな学校であれば、毎日３～５人の講師志望者が訪れ、第１次から第３次までの厳しい試験や面接を受けています。特に韓国人経営者はシビアですから、能力や性格に少しでも難があれば合格させません。つまり、フィリピン人講師は、**英語を教える能力を持つ人たちのなかでも選りすぐられた人々**だということです。

第三に、とても献身的であることが挙げられます。前述したとおりフィリピンで英語が公用語化したのは30数年前のことであり、英語力を備えた講師のほとんどは20代～30代前半です。留学生も同世代であるケースが多いため、より親密な雰囲気のなかで授業を受けることが可能です。国が違えど世代が近いなら感性も似ているはずで、音楽や映画など趣味の話にも花が咲くでしょう。授業のアレンジも頼みやすいものです。やはり**英語はコミュニケーションツール**ですから、相手と会話したいという気持ちが高いほど効率よく学べるのは自明のこと。欧米の語学学校ですと、講師はたいてい40～50代ばかりですから、こうはいきません。

また彼らが献身的なのは、ビジネス的な事情もあります。お金と名誉が手に入る憧れの職業で、希望者は山のようにいますから、生徒からクレームをつけられれば簡単に首をすげ替えられてしまいます。適当な態度で授業をしていたり、「そんなこともわからないの？」など横柄な態度を取ったりしてクレームが入れば、経営者から「明日から来なくてよい」となってしまうのです。その状況を逆手に取るのは間違っていますが、ともかく**彼らは懇切丁寧に教えてくれます**から、留学生にとってはメリットしかありません。

「フィリピン訛り」を気にされる方もいるかもしれません。英語が公用語であるとはいえ、確かに欧米ネイティブとは異なりますから、特有の訛りも存在します。しかし、これも気にする必要はないと私は考えます。まず、フィリピン留学では欧米留学のように現地住民と接する機会はごくまれで、訛った英語を聞く機会はほとんどありません。たまの休みにマーケットへ行ったとき、店主からフィリピン訛りの英語で話しかけられたからといって、それが移るという話にはなりません。もちろん講師は、キレイな発音ができる人ばかりです。

それに、訛りがあるから欧米圏以外は行かないというのは、目の前のことから逃げているように私は思えます。オーストラリアにもオージー訛りがありますし、イギリスにもアメリカにも、田舎へ行けば訛りはあります。訛っていようがいまいが、コミュニケーションしたい相手と話せなければ、それはダメなのです。こちらの英語が訛っていても、意思疎通が図れれば目的は達せられます。キレイな英語を学びたいというのは結構ですが、そのために安価で高効率な留学の機会を逃してしまうというのは本末転倒のように思います。

なお、フィリピンにも欧米ネイティブの英語講師は勤務しています。どうして彼らがフィリピンにいるのかというと、学校経営者が海外から連れてきたのではなく、ほとんどは元からフィリピンに滞在していた外国人なのです。クラークという地区には以前アメリカ空軍基地があり、駐留していた関係者が現地住民と結婚したり、居心地のよさからそのまま暮らすようになった人たちがいます。リタイアにはまだ早いと考えている50～60代の彼らが、小遣い稼ぎも兼ねて講師となっているのです。英語教育を専門的に学んできた人は少ないのですが、講師となるだけのトレーニングは積んでいますし、やはり生粋のネイティブですから得るものは少なくありません。授業料は１時間約１０００円とフィリピン人講師の倍近くかかりますが、欧米圏でのマンツーマン料金と比べれば10分の１ですから、破格といえるでしょう。英語力の習得という側面では、フィリピン人講師は勝るとも劣りませんが、どうしても欧米ネイティブに教えてもらいたいという人は、彼らが多数在籍している学校に留学するのがよいと思います。

英語力はどのくらい伸びるのか？

説明会でよく聞かれるのは、「英語力の習得では、欧米留学とどれだけ違いがあるの？」という質問です。ずばり申しますと、その**成果には２～３倍の違い**が出てくると思って差し支えありません。１年の欧米留学で身につくであろう英語力は、フィリピン留学だったら４～６カ月で済むでしょう。もちろん、フィリピンへ行くだけで魔法がかかったように英語ができるようになるわけではありませんが、充実したマンツーマン授業や勉強に専念できる環境の下でしっかりと努力すれば、それくらいの違いは確かに表れるのです。

ただ、そう聞いて「１～２カ月行けば日常会話くらいはできるようになるのでは？」と思われる人もいますが、ＴＯＥＩＣ５００点未満のレベルであれば、それはさすがに無理です。**ＴＯＥＩＣ５００点未満の人が、日常会話が最低限できるようになるＴＯＥＩＣ６５０～７００点まで到達するには、フィリピンで４カ月は学ぶべき**だと考えてください。ただ、英会話はできないけれども知識だけはあり、ＴＯＥＩＣ６００点以上あるという人なら、２カ月ほどで一定の英会話ができるようになるかもしれません。日常会話で使う単語や文法をひととおり知識として蓄えていますから、講師の会話も理解でき、ちょっとした訓練ですぐに会話として言葉を引き出せるようになるからです。マンツーマンで英語のシャワーを浴びる量に比例して、飛躍的に伸びていくでしょう。

それから、スタート時にＴＯＥＩＣ５００点未満だった人がビジネス英語まで手を広げたいというのであれば、計６～８カ月ほど留学すればＴＯＥＩＣ８００点まで行けると思います。８カ月留学してＴＯＥＩＣが８００点に達しないというのは、やり方が間違っているか、遊んでいたかのどちらかです。逆にいえば、まじめにやっていれば誰でもそこまでレベルアップできると断言できます。

ちなみに、同じくＴＯＥＩＣ５００点未満の人が欧米圏に留学した場合、ＴＯＥＩＣ８００点を超えるレベルになるのは最低でも1年が経過したあとで、それも留学生全体の３割以下でしょう。では、フィリピンに1年留学すればどうなるか。ＴＯＥＩＣ９００点は超えられると思います。ビジネス英語はほぼマスターし、英語でのプレゼンテーションやディベートも難なく行えるレベルです。海外の4年制大学にも入学できます。正直これ以上は、どこまで英語という語学を追求したいか、という話になります。もしあなたが、1年間を留学に充てられるというのであれば、その期間をまるまるフィリピン留学に費やしてみれば、今後英語に関する不安やコンプレックスを抱くことはなくなると思います。

COLUMN

英語力を測る各種試験

世のなかにはさまざまな英語の試験があり、個人の英語力を測る重要な指針や対外的な証明となります。試験を受けることでどのようなメリットがあるのか、また各レベルでどの程度の英語力を備えているといえるのか、解説しましょう。

日本において最もメジャーで、社会でも役立つのがＴＯＥＩＣ（トーイック）です。英語力の対外的な証明としやすい試験であり、入社や転職、管理職への昇進に一定以上の点数を求める企業も存在しています。点数は９９０点までであり、４００点で高校卒業レベル、６００〜７００点で日常会話が滞りなく行えるレベル、８００点でビジネス英語までカバーしたレベルといわれています。

海外旅行の際に、現地住民と英語でよどみなく会話したいというのなら６００点以上を、ビジネスで英語を駆使したいというのなら８００点以上が目安になるでしょう。ただ、できるに越したことはありませんし、未来の選択肢も広がりますから、まずは８００点以上を目指してみるのがよいと思います。それだけあれば、どの企業へ行っても「あなたは英語ができるんですね」とみなされるはずです。それに、一度そのレベルまで到達できたのなら大きな自信がつきますし、もし英語環境から離れて能力が衰えてしまったとしても、勉強しなおせば再び同レベルまで取り戻しやすいからです。山の頂上へ一度でも行ったことがある人は、八合目で引き返してしまった人よりも、登り方のコツを覚えているものなのです。英語を一生涯勉強し続けるのも大変ですから、一度集中してがんばって区切りをつけるのもよい考えだと思います。なお、私個人としては、９００点以上を目指すことには疑問を持っています。難易度調整のための重箱の隅をつつくような問題まで正解するには特別な勉強が必要で、英語力そのものとは違う領域に入ってしまうからです。

なお、ＴＯＥＩＣは「聞く」「読む」を測る試験で、「話す」「書く」は含まれていないため、「ＴＯＥＩＣで点数を取っても会話はできない」とネガティブにとらえる人もいます。確かにＴＯＥＩＣの点数と英会話の実力は必ずしもイコールとはなりませんが、「聞く」「読む」知識がなければ会話はできないのも確かで、英語力を測る試験としての大義は失いません。

「話す」「書く」までカバーした試験として、ＴＯＥＦＬ（トーフル）があります。一部ではＴＯＥＩＣよりも世界基準といわれ、日本の大学入試に活用しようという動きがありますが、実際はまだまだマイナーな試験です。アメリカやカナダの大学入試に活用できますが、イギリスやオーストラリアではマイナーな扱いで、ＴＯＥＦＬを勉強できる学校もほとんどないくらいです。フィリピンの語学学校でも、ＴＯＥＦＬ対策を行っているところは少数派です。

もともと大学・大学院に入るために作られた試験ですので、地政学や天文学など、大学での授業シーンを想定したリスニング問題が多く、覚えるべき単語にも偏りがあります。もちろん実際に海外の大学入試を目指している人には最適ですが、それ以外の人は、たとえば地政学の専門用語を覚えても日常生活で使うことはほとんどないでしょうから、遠回りをすることになるかもしれません。

ＴＯＥＩＣのワンランク上の試験といえるのが、「読み」「書き」「聞く」「話す」全４部門の試験があるＩＥＬＴＳ（アイエルツ）です。欧米圏で主流となっている試験で、ほとんど日本と韓国のみで通用しているＴＯＥＩＣよりもメジャーであり、大学入試や移民審査に活用されています。０から０・５刻みで９・０まであり、６・０で海外の４年制大学入学レベル、６・５で大学院入学レベル、７・０で英語専門大学入学や翻訳・通訳を仕事にできるレベル、８・０以上はネイティブに限りなく近いレベルです。移民資格として活用されるほどですから、出題内容も生活に根ざしたものばかりで、試験勉強は無駄になりません。ちなみにＴＯＥＩＣはマークシート方式で、適当に記入しても一定の点数が取れてしまいますが、ＩＥＬＴＳは筆記式のため実力が不足していると１問も解けませんから、まぐれが通用しません。

日本国内で重宝するのはＴＯＥＩＣ、大学入試で必要ならＴＯＥＦＬ、世界レベルでつぶしがきくのはＩＥＬＴＳという具合です。

フィリピン留学を活用している人は？

フィリピンに留学している人を国籍別に見ると、7割が韓国人、2割が日本人、その他に中国人、台湾人、ロシア人という内訳で、**基本的には韓国人と日本人のみ**と考えてよいでしょう。

語学学校を選ぶ際、「多彩な国籍の留学生が在籍している」ことをメリットとして紹介しているケースは多々ありますが、これはフィリピン留学においては当てはまりません。フィリピン留学の場合は先生と直接たっぷり英会話ができますので、同じ学校の生徒の国籍がどこであろうと関係ないからです。1クラスあたりの人数が多い欧米圏の場合は、必然的に生徒同士で会話練習を行わなければなりません。そのために、多国籍であるほうが特定の訛りに偏らずによい、同じ日本人同士で固まらずに済む、と考えるからこのような話になるのです。プライベートの時間を考えても、英語力を伸ばすならひたすら自習をするのが一番で、わざわざ英語力の拙い留学生同士での時間をたくさん持つ必要はありません。ですから、**欧米圏においては生徒の国籍バランスも重要になりますが、フィリピンにおいては気にする必要はまったくない**のです。

世代で見ると、韓国人のうちの約8割は18～20歳の大学生です。熾烈な受験戦争が終わって間もなく、就職競争を勝ち抜くための英語力を磨くため、親からの強い要望を受けて夏休みや春休みを使って留学してきます。一方で日本の場合は、8割方が23歳以上の社会人留学生です。英語が使えないとまずい世のなかになっていること、会社で肩身の狭い思いをしてしまうことなどを動機とされている方が多いようです。韓国ほどの競争社会ではないからか、大学生のうちに留学してまで勉強しようとする学生は多くないようで、もったいない話です。こうしたことから、韓国人と日本人で5〜10歳ほど歳の差が離れることが多いようです。同じ屋根の下で共同生活を送るため、多少は接点を持つことになりますが、ひたすら勉強に勤しもうと思うなら必要以上の慣れ合いは不要ですから、歳の差が離れていることはよいことといえるかもしれません。

　ちなみに、韓国人留学生のなかで意欲的に英語学習に取り組んでいるのは3分の1程度で、その他は親にいわれて仕方なくやってきた人たちです。大学に入ったばかりで勉強に身が入らず、片時もサボれないマンツーマン授業を嫌ってなるべくグループ授業が多い学校やコースを選び、休日はもちろん平日夜でも街へ繰り出すことが少なくありません。同じルームメイトの誘いだから、国際交流だからと一緒につるんでしまうと、後悔することになりかねませんので、十分注意してください。

第2章

フィリピンの本当のところを知る

Philippines studying abroad

フィリピンの基本情報を学ぶ

留学先となるフィリピンという国そのものに、漠然とした不安があったり、まったく知識がなくてイメージがわかないという人もいると思います。ここからは、フィリピンという国について説明していきましょう。日本の外務省情報やフィリピン国勢調査、アメリカ中央情報局のデータに私の経験や感想を交え、解説していきます。

●地理・国土

フィリピンは日本から南南西の方角、太平洋上に浮かぶ島国、東南アジア諸国のひとつです。国土面積は日本の約８割にあたる、約29万９４０４平方キロメートル。北のルソン島、南のミンダナオ島のほか、セブ島、レイテ島、サマー島、ヴィサヤ諸島、パラワン島、ミンドロ島、ネグロス島など、大小さまざまな島々が全部で７１０９存在します。国土の多くを活動中の火山や熱帯雨林が占めています。首都はルソン島にあるマニラ。フィリピン最大の都市であり、行政や経済などすべての中心で、全人口の12％にあたる約１２７６万人が住んでいます。第二の都市はミンダナオ島のダバオ、以降はセブ島のセブシティ、ミンダナオ島のサンボアンガと続きます。セブ島などはリゾート地としても有名で、アジアはもちろん、欧米諸国からも例年多くの旅行者が訪れています。

●歴史

近隣にあるインド文化圏や中華圏から大きな影響を受けていたなか、14世紀ごろにはイスラム教が伝来し、イスラム国家であるスールー王国が建国されました。しかし、１５２１年にスペイン王国の航海者マゼラン率いる船団がフィリピンに到達すると、スペイン王への服属とキリスト教への改宗を迫り、間もなくスペインの統治が開始。それから約3世紀に亘り、スペインの影響下に置かれました。

転機となったのは、１８９８年に勃発した米西戦争（アメリカとスペイン間での戦争）です。アメリカはフィリピンの革命勢力と手を組み、スペインからの独立支援を約束して戦争への協力を要請。この戦争にアメリカが勝利し、革命勢力は独立を宣言するのですがアメリカはフィリピンの領有権を主張し、今度はアメリカとフィリピンの間で戦争が勃発。アメリカが国力の違いを見せつけ、植民地化を進めました。

１９４２年になると、戦線を拡大していた日本軍が首都マニラを占領。駐留米陸軍を退けると、軍政を敷きました。その後、日本軍の施政下において現地政権が樹立されましたが、１９４５年にはアメリカ軍の攻勢に日本軍が降伏。第二次世界大戦が終焉を迎えたのち、フィリピンは主権を回復するとともに独立を果たしました。決して小さくはない国ですが列強国の狭間にあって苦難の道を歩み、現在は共和制国家となって、東南アジアの主要国として存在感を発揮しています。

なおフィリピンという国名は、16世紀のスペイン統治時代、同国皇太子フェリペの名にちなんでいます。

●言語

多民族で構成されているため、フィリピン国内では80前後もの言語が存在しているといわれています。国語と認定されているのはタガログ語をベースとしたフィリピノ語で、公用語はフィリピノ語と英語です。プライベートな分野では地元の言語が話されることもありますが、立法・司法・行政・教育・マスコミといった公的な分野では英語が重要な言語として活用されており、たいていの人が英語を話せます。

さらに、労働力の海外輸出や英語をビジネスとした事業の拡大を経済施策としていますので、英語力の強化は国を挙げて取り組んでおり、国語以外の授業はすべて英語で行っているという小学校も少なくありません。また、国民全体の識字率も95・6％と高く、教育が行き届いていることがわかります。

＜フィリピン・セブ島の年間気温＞

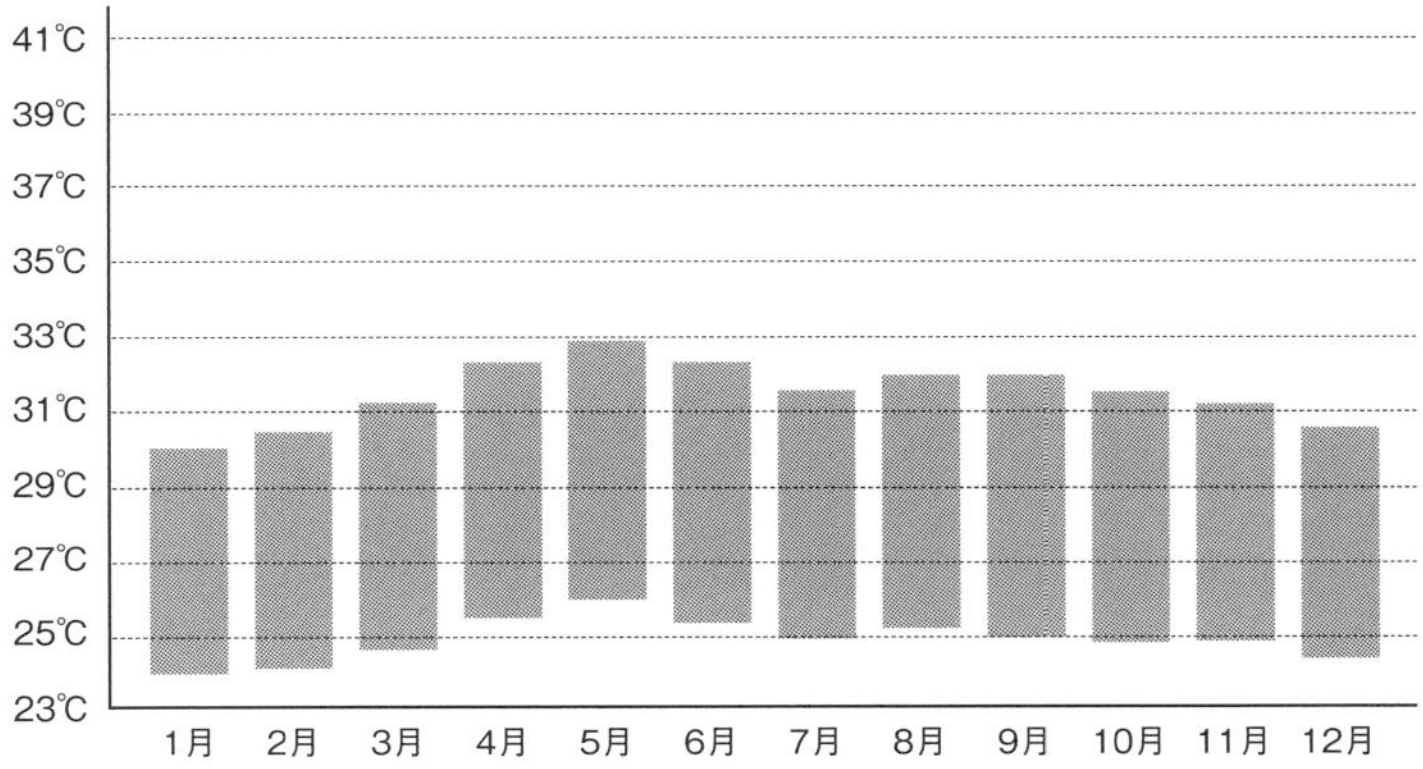

［出典：MSN 天気］

●気候

熱帯性気候に位置し、11～5月は雨がほとんど降らない乾季、6～10月は午後から夕方にかけて突発的な雨（スコール）がよく降る雨季になります。年間平均気温30℃ほどの高温多湿ですが、特に乾季のなかでも3～5月は暑く、そのほかは比較的過ごしやすい温度で、日本の夏のようにTシャツ短パンという軽装で過ごす人がほとんどです。ただし、標高の高い土地の平均気温は20℃前後であったりと、ある程度着込まないと快適に過ごせない場所もありますから、注意が必要です。たいていのエリアでは布のように薄い掛け布団で安眠できるのですが、高地では厚みのあるタイプでないと寝つけないでしょう。

台風の通り道でもあり、10月後半から11月後半ごろは大きな台風が通り、甚大な被害が発生する年もあります。

●民族・国民性

２０１４年の調査で、フィリピンの人口は約１億７６７万人です。マレー系が主体で、他に中国系、スペイン系、および混血やたくさんの少数民族で構成されています。人口は日本と近いですが、驚くほど違うのは、年齢に見る人口バランスです。フィリピンでは０～14歳が約33・７％と最も多く、15～24歳は約19％、25～54歳は約37％、55～64歳は約５・８％、65歳以上は約４・５％となっており、これを図示した場合キレイなピラミッド型になります。国民の平均年齢も23・５歳と非常に若いのが特徴です。また、決して短命ということもなく、平均寿命は男性が69・５歳、女性が73・９歳です。日本の場合、65歳以上の高齢者は約25・８％、平均年齢は46・１歳ですから、飛び抜けて若いことがわかります。

フィリピンの人たちは家族をとても大切にし、情に厚く、外国人に対してもフレンドリーに応対してくれる人たちばかりです。その一方、プライドが非常に高い一面もあり、人前で怒られたり馬鹿にされたりすることをとても嫌います。たとえば留学中に、現地スタッフになにかしらの間違いや落ち度があったとしても、大勢がいる前で大げさに指摘したり叱責することはやめましょう。彼らのプライドを傷つければ、恨まれたり思わぬ反撃を食らったりしかねません。問題があれば、本人に対してだけ直接指摘すればきちんと納得して、快く対応してくれます。また、大きな声で怒鳴られると感情の抑制がうまくできなくなることがあるため、フィリピン人と大声でいい争うのは避けるようにしましょう。

●宗教

スペイン入植中に改宗が進められた歴史的経緯もあり、東南アジア諸国唯一のキリスト教国です。国民の約83%がカトリックで、その他のキリスト教を信仰している人もいます。毎週日曜日は教会へ足を運び、各種イベントに進んで参加するなど敬虔なキリスト教徒が多いです。

なお、全人口の５%ほどはイスラム教を信奉するムスリムで、ほとんどが南にあるミンダナオ島の一部で生活しています。信仰の違いに端を発し、一部の過激派は政府と対立関係を続けていましたが、１９９３年に停戦合意しています。

●経済

２０１４年、フィリピンのＧＤＰ成長率は６・１%で世界30位の高成績でした。世界経済全体が低迷していた２０１１年は３・６%と鈍化していましたが、その後は６・８%、７・２%というように高い伸び率を記録しており、他の東南アジア諸国と比べても大きく成長しています。同年の名目ＧＤＰは約２８４９億ドルで、世界40位。世界３位の日本は

４兆６１６３億ドルですので経済規模は大きく違いますが、フィリピンのＧＤＰはここ5年でほぼ倍増しており、勢いはすさまじいものがあります。過去の主産業は農業でしたが、近年は英語力を活かし、国外企業からコールセンター業務をアウトソーシング受託するなどサービス産業の比重が高まっています。また、海外企業で勤務し、外貨を稼いでくる労働者もたくさんいます。

なお、フィリピンにとって日本は最大の援助供与国・輸出相手国であり、反対に日本にとってフィリピンは主要な輸出国です。両国間に大きな懸案事項はなく、極めて良好な関係にあります。

●通貨・物価

フィリピンの通貨はフィリピン・ペソで、２０１５年5月現在で1円＝約2・７ペソ程度です。補助通貨は１００分の1の単位のセンタボ。紙幣の最高額は１０００ペソです。

フィリピンの物価は、日本の3分の1といわれています。タクシーは初乗りで約40ペソ、映画で約２５０ペソ、外食はお酒まで飲んでも２５０～５００ペソほどです。シャンプーやトイレットペーパーのような現地メーカーの日用品は、日本に比べると非常に安い価格で購入できます。しかし、世界的に有名な海外メーカーの商品などは、日本で購入するのとあまり変わらない価格になります。

●食事

フィリピン料理は、中国料理やスペイン料理がベースになっています。主食は白米。スパイスや香味野菜を利かせた料理が得意ですが、周辺国ほどトウガラシなどの辛味成分を使わないため、辛いのが苦手な人でも受け入れやすいのが特徴です。海洋国家であるため魚介類が豊富で、地中海風のブイヤベースなどもよく食されています。肉類もブタ、アヒル、ニワトリ、ウシなど多彩です。生野菜はあまり食されず、炒めたり煮たりすることが多いようです。好んで飲まれるのはコーヒーやジンジャーティー。アルコールはビールが愛飲されています。

●衛生面

特別衛生面で気を配らなくてはいけないシーンはありません。学校内は清掃員が常に駐在していますから、ホテル並みに清潔に保たれているところがほとんどです。

ただ、唯一気をつけなければいけないのが水道水です。浄水施設がそこまで完備されていないため、お腹を壊してしまう可能性があります。露店で売っている食べ物にも水道水が使われているケースがありますから、極力避けたほうがよいでしょう。歯を磨くときにも、ミネラルウォーターを使ったほうがよいかもしれません。飲料にはミネラルウォーターを飲みましょう。たいていの学校には飲料用のウォーターサーバーも用意されています。

なお、マニラのような都市部や高級ホテルなどを除くと、トイレにトイレットペーパーを流すことができず、据え付けの汚物入れに捨てなくてはいけないところも多くあります。語学学校では掃除の回数も多く、清潔かつ快適な環境を維持するよう工夫されています。

●交通事情

フィリピンの交通事情はあまりよくなく、信号の未発達や交通ルールの不徹底から、セブやマニラなど都市圏の渋滞ラッシュは日常茶飯事です。特に出勤時間帯の7～9時と、帰宅時間帯の18～19時ごろはひどく、渋滞から抜け出すのに2～3時間要する場合もあります。ですから、この時間帯でタクシーを使って移動しようとすると、大変な目に遭いますので注意してください。昨今では、バギオなど地方エリアでも車の数が増え、渋滞の頻度は増しています。

●インターネット環境

　インターネット環境は急速に発達しており、都市部ではカフェやショッピングモールなどの公共の場で無料Ｗｉ－Ｆｉに接続することができます。また語学学校では、校内や寮内で無料Ｗｉ－Ｆｉを利用できます。ただ、回線スピードは日本ほど速くはありませんので、動画や高解像度の写真など重いデータのやりとりや映像配信・視聴、スカイプのビデオ通話などは期待できません。メールやブラウジング、スカイプの音声通話くらいであれば問題なく行えると思います。

治安が悪いというのは本当か？

海外で長期滞在するにあたって、治安も気になるところだと思います。フィリピン全土の犯罪件数は２０１３年時点で63万件以上に上り、主に傷害、窃盗、強盗です。日本に比べ強盗は約10倍、殺人は約15倍の発生率で、日本人も窃盗、強盗、殺人の被害に遭っています（ただし殺人は行きずりの犯行ではなく、フィリピン人と商売などの接点がある日本人が、恨みやトラブルの末に殺害されるケースが多数のようです）。地域による違いもあります。**犯罪件数全体の約23%と、最も多く発生しているのはマニラ首都圏**です。また、ほとんど学校はありませんからみなさんには無関係だと思われますが、南方ミンダナオ島の一部では過激派による重大事件が起こったこともありますので、特に注意が必要です。

しかし、日本の治安が飛び抜けてよいことはご存知のとおりで、フィリピンをはじめとした諸外国においては、日本にいるとき以上の安全対策を講じなくてはならないのは当然のことです。

・多額の現金やパスポートなどを持ち歩かない
・手荷物から目を離さない

・人前で財布やスマートフォンやデジタルカメラを見せない、使わない
・フィリピン人のプライドを傷つけないよう配慮する
・夜間の不要な外出は避け、外出時はなるべく複数人で行動する
・人気のない通りや暗がりは避ける
・現地の人に声をかけられても絶対について行かない
・公共交通機関、流しのタクシーの利用は避ける

こうした点を守っていれば、大きなトラブルを避けられるでしょう。ただし、私たちはフィリピンへ観光しに行くわけではありませんので、こうした一般的な治安事情は当てはまらないともいえます。なぜなら**基本的に全寮制で、危険な場所やシチュエーションに遭遇する機会が圧倒的に少ない**からです。学校内のセキュリティは24時間体制ですから、あえて危険な場所に出歩かない限りは安心して過ごすことができます。

これは欧米留学にもない安心材料です。欧米留学の場合は、授業のあとのアルバイトが終わってから帰宅するまでの夜間に犯罪被害に遭うケースがありますが、フィリピン留学の場合は、この時間帯も自習しているため施設内に留まっているからです。こうした点を考えれば、安全性という意味ではフィリピンのほうに分があるともいえるかもしれません。

留学の人気都市はどこか？

フィリピンのなかでも、実際に渡航する可能性のある語学学校の多いエリアについて、いくつか解説します。

●マニラ

フィリピンの首都であるマニラ市は、フィリピンの政治や経済などの中心地です。日本のような高層ビルやショッピングセンターなどが建ち並び、キレイに整備された地域がある一方、スペインの統治下時代の名残を感じさせる教会や歴史的建造物、街並みも残っています。学校はあまり多くなく、主要な学校は10校以内といったところです。国際空港で到着してすぐの場所にあり、国内で移動する時間や手間がありませんから、マニラを留学地として選ばれる方は1カ月前後の短期留学のほうが多い傾向にあります。フィリピンの語学学校はどの学校もセキュリティがしっかりしていますが、特にマニラの語学学校は一段と警備に力を入れており、最近では高級住宅街に位置する学校が増えているのも特徴です。

●セブ

世界的に有名なリゾート地であり、美しいビーチや商業施設もある島です。しかし、留学地としてのセブはセブ島のセブシティとマクタン島を含めて表現するケースが多いので、注意が必要でしょう。セブ島の中心エリアはセブシティと呼ばれ、ビルが多く建ち並ぶ繁華街でビーチリゾートといった雰囲気や景色はありません。学校が最も集まる地域であり、学校の選択肢の幅も広がります。一方、ビーチリゾートの雰囲気を味わいながら学習したいという方には、マクタン島のほうを選択するとよいでしょう。いずれも、休日はマリンスポーツなどのアクティビティを楽しみたいという方にもオススメです。また観光地ということもあり、フィリピン国内でも比較的治安のよい都市といわれています。

●クラーク・クラーク経済特別区

マニラから車で2～3時間程度のエリアにある地域です。元アメリカ空軍の駐屯地であった名残からいまでも多くの欧米人が在住しており、別名「リトル・カリフォルニア」と呼ばれています。水道、電気などのインフラが整っており、治安もよく落ち着いた環境で、街全体もキレイに整備されています。大型のショッピングモールやクラーク国際空港があり、便利で生活がしやすいことから留学地としても注目を集めています。

クラークはセブに次ぐ数の語学学校があり、中長期で腰を据えて勉強されたい方が集まります。広大な敷地内を利用したキャンパス型の学校が多く、オープンな空間での学習が可能です。フィリピン人講師だけでなく欧米教師にも教えてもらえる可能性があるため、もともと欧米圏に留学を考えていた方にとって最適な環境です。セブほど周りに歓楽街がありませんので、休日を楽しみたい人には不向きかもしれませんが、勉強に集中できる環境であるともいい換えられます。

●バギオ

マニラから長距離バスで7～8時間ほど離れた、山間部に位置する都市です。常夏のフィリピンでありながら最高気温は26℃ほどと、クーラーを必要としないくらい涼しい気候が特徴で、フィリピン人にとっては避暑地として人気です。また、バギオには名門大学があり、教育都市としても有名です。そのためこの地の語学学校には、名門大学出身の優秀な講師たちが多く在籍しています。また、若い韓国人学生に勉強に集中できる環境を提供するという目的で作られた、厳しい規則のスパルタ式韓国資本校が多い傾向にあります。周りに誘惑する環境もありませんから、英語学習に集中したいという方にオススメです。当地域へのアクセスは少々大変ですが、セブやマニラに比べると学費も抑えられるため、費用節約型の留学を考えている方に根強い人気があり、語学学校の数も比較的多い地域です。

Philippines フィリピンマップ

①バギオ Baguio

バギオはマニラから車で8時間前後、標高1500mに位置する、人口約30万人の山あいの町です。バギオの年間平均気温は20℃、最高気温も26℃以上に上がらないという非常に涼しい場所です。年中冷涼な気候のため、バギオは「サマーキャピタル」とも呼ばれています。

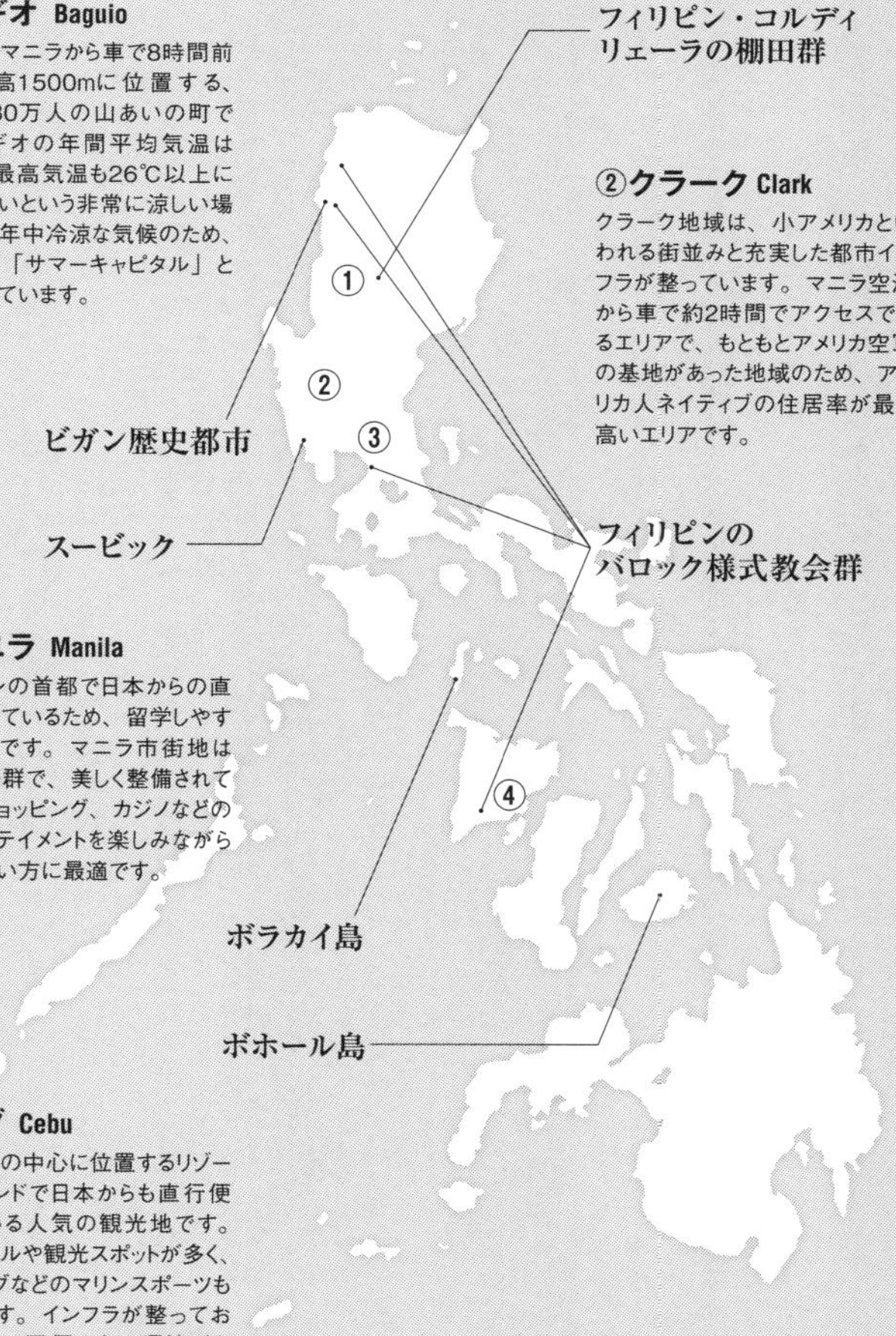

②クラーク Clark

クラーク地域は、小アメリカといわれる街並みと充実した都市インフラが整っています。マニラ空港から車で約2時間でアクセスできるエリアで、もともとアメリカ空軍の基地があった地域のため、アメリカ人ネイティブの住居率が最も高いエリアです。

③マニラ Manila

フィリピンの首都で日本からの直行便も出ているため、留学しやすいエリアです。マニラ市街地は高層ビル群で、美しく整備されており、ショッピング、カジノなどのエンターテイメントを楽しみながら勉強したい方に最適です。

④セブ Cebu

フィリピンの中心に位置するリゾートアイランドで日本からも直行便が出ている人気の観光地です。高層ホテルや観光スポットが多く、ダイビングなどのマリンスポーツも楽しめます。インフラが整っており、生活に不便のない環境があります。

休日はフィリピンを楽しもう

フィリピンには、南国特有の美しい自然と歴史的な遺構も数多く存在しています。月に1度くらいは、息抜きに楽しむのもよいでしょう。観光地へのツアーは、学校のスタッフに尋ねれば旅行代理店を紹介してくれますし、学校内にビラが設置されているところもあります。交通手段を確保する意味でも、こうした業者にお願いするのが便利です。

なお、国際免許を取得した上でレンタカーを借りて自ら運転するのは、オススメしません。交通事情が劣悪ですからトラブルに遭う危険が高いですし、レンタル店では車と一緒にドライバーまでついてくるのがほとんどです。

●ボホール島

セブ島から船で1時間30分ほどの場所にある島です。大理石でできた円錐形の山が連なる「チョコレートヒルズ」や、世界一小さなメガネザルが有名です。ダイビングスポットとしても知られ、世界中から多くのダイバーが集まります。セブ島から日帰りのツアーもあるので、週末を利用して訪れるには最適な観光地です。

●ボラカイ島

パナイ島の最北端にある小さな離島です。美しい白い砂浜が全長4キロに亘って続く「ホワイトビーチ」として有名で、世界のベストビーチにも選ばれています。連休などを利用し、マニラやセブ島などから多くの留学生が訪れています。マニラ空港からカティクラン空港まで飛行機で移動し、そこからジプニーやバス、船を乗り継いで約1時間20分です。

●フィリピン・コルディリェーラの棚田群

ルソン島北部にある、世界遺産にも登録されている大規模な棚田地帯です。天国へ昇る階段と称されるほどの広大な光景は圧巻です。バギオから車で約5時間半とかなりの移動時間を要しますが、避暑も兼ねて足を伸ばしてみるのもよいでしょう。

●ビガン歴史都市

世界遺産にも登録されている、スペイン統治下時代の雰囲気が街全体に残る古都です。石畳の道路を馬車が走る光景を見れば、まるでタイムスリップしたかのような錯覚に陥ります。バギオからは車で約4時間。クラークからは車で約6時間。マニラ空港からは飛行機、バスを乗り継いで約3時間です。

●スービック

元アメリカ海軍の駐屯地で、経済特別区として発展している地域です。ショッピングモールやプール、動物園などがあり、マリンスポーツや山でのアクティビティなどが充実しています。マニラ空港からは車で約3時間かかりますが、クラークからは車で約1時間30分とアクセスしやすく、日帰り旅行でも楽しめます。

●フィリピンのバロック様式教会群

16世紀スペイン統治下時代に建設された4つの教会を指します。フィリピン初の世界遺産として登録されたバロック様式の建造物で、地震や台風にも強い石造りで今日でも当時の姿を残しています。なかでもマニラ空港から車で約40分の場所にあるサン・アグスチン教会はフィリピン最古の教会といわれ、魅力的なステンドグラスや壁画を楽しめます。

日本からの移動方法

フィリピンの魅力のひとつは、日本にとても近い場所にあることです。マニラまで、東京、名古屋、大阪、福岡から直行便が出ていますが、いずれも**飛行時間は4時間程度**です。空港までの移動や搭乗までの待ち時間などを考えても、日本のどの場所からでも半日とかからずにフィリピンの地へと降り立つことができるでしょう。各エリアからフィリピンへの渡航方法について、次ページに代表的な例をまとめましたのでご参照ください。

航空会社には手厚いサービスを提供するレガシーキャリアと、サービスが希薄な分低コストが自慢のＬＣＣ（ローコストキャリア）に大別されます。今回取り上げたなかでは、前者が日本航空（ＪＡＬ）、全日本空輸（ＡＮＡ）、フィリピン航空、大韓航空で、後者がセブパシフィック、ジェットスター航空です。ＬＣＣは価格が安い分、ターミナルが遠く遅延や欠便が発生しやすいという側面があります。また早朝や深夜に到着する便が多く、現地スタッフの送迎ができない時間帯である場合もあります。自身の希望や状況にあった便を選びましょう。

なお、フィリピンは**日本との時差もマイナス1時間だけ**。時差ボケで調子を崩すこともありません。

日本からの移動と費用の目安

フィリピン留学者の多くの方が利用しているLCCを含め、主な航空会社・費用・移動時間を紹介します。

※下記料金は2015年4月現在のものとなります。

※航空券の費用は時期などによって変動しますのでご了承ください。
また、フライト時間なども定期的に変わる可能性があります。

■新千歳空港発

行先	航空会社	片道費用	移動時間
マニラ	日本航空（JAL）	約7万円	新千歳～成田：1時間40分 成田～マニラ：3時間40分
	全日本空輸 （ANA）	約18万円	新千歳～成田：1時間40分 成田～マニラ：3時間40分
	全日本空輸 （ANA）	約20万円	新千歳～羽田：1時間40分 羽田～マニラ：3時間30分
	日本航空（JAL）＋ フィリピン航空	新千歳～成田：約2万円 成田～マニラ：約3万円	新千歳～成田：1時間40分 成田～マニラ：4時間
	全日本空輸（ANA）＋ フィリピン航空	新千歳～成田：約2～3万円 成田～マニラ：約3万円	新千歳～成田：1時間40分 成田～マニラ：4時間
	全日本空輸（ANA）＋ フィリピン航空	新千歳～羽田：約2～3万円 羽田～マニラ：約3万円	新千歳～羽田：1時間40分 羽田～マニラ：4時間
	大韓航空	約5万円	新千歳～仁川：3時間 仁川～マニラ：4時間
セブ	大韓航空	約5～6万円	新千歳～仁川：3時間 仁川～セブ：4時間30分

■成田空港発

行先	航空会社	片道費用	移動時間
マニラ	フィリピン航空	約3万円	4時間
	セブパシフィック	約3万円	4時間
	日本航空（JAL）	約4～5万円	4時間40分
	大韓航空	約6万円	成田～仁川：2時間40分 仁川～マニラ：4時間
	フィリピン航空	約3～4万円	4～5時間
	セブパシフィック	約3万円	4時間20分
セブ	日本航空（JAL）＋ フィリピン航空	成田～マニラ：約4～5万円 マニラ～セブ：約1万円	成田～マニラ：2時間40分 マニラ～セブ：1時間15分
	大韓航空	約5万円	成田～仁川：2時間40分 仁川～セブ：4時間

■羽田空港発

行先	航空会社	片道費用	移動時間
マニラ	フィリピン航空	約3～4万円	4時間
	全日本空輸（ANA）	約15～17万円	4時間30分
	大韓航空	約5万円	羽田～仁川：2時間40分 仁川～マニラ：4時間
セブ	フィリピン航空	約4万円	羽田～マニラ：4時間 マニラ～セブ：1時間
	全日本空輸（ANA） ＋フィリピン航空	羽田～マニラ：約15～17万円 マニラ～セブ：約1万円	羽田～マニラ：3時間30分 マニラ～セブ：1時間
	大韓航空	約6万円	羽田～仁川：2時間40分 仁川～セブ：4時間30分

■中部国際空港発

行先	航空会社	片道費用	移動時間
マニラ	フィリピン航空	約3～4万円	4時間
	セブパシフィック	約3～4万円	4時間
	大韓航空	約5万円	中部国際～仁川：2時間 仁川～マニラ：4時間
	フィリピン航空	約4万円	4時間
セブ	セブパシフィック	約3万円	中部国際～マニラ：3時間 マニラ～セブ：1時間20分
	大韓航空	約6万円	中部国際～仁川：2時間 仁川～セブ：4時間30分

■関西国際空港発

行先	航空会社	片道費用	移動時間
マニラ	フィリピン航空	約3～4万円	4時間
	セブパシフィック	約3万円	4時間
	ジェットスター航空	約2万円	4時間
	大韓航空	約5万円	関西国際～仁川：2時間 仁川～マニラ：4時間
セブ	フィリピン航空	約4万円	関西国際～マニラ：4時間 マニラ～セブ：1時間
	セブパシフィック	約3万円	関西国際～マニラ：3時間 マニラ～セブ：1時間20分
	大韓航空	約6万円	関西国際～仁川：2時間 仁川～セブ：4時間20分

■福岡空港発

行先	航空会社	片道費用	移動時間
マニラ	フィリピン航空	約3～4万円	3時間
	大韓航空	約5万円	福岡～仁川：2時間 仁川～マニラ：3時間
セブ	フィリピン航空	約4万円	福岡～マニラ：3時間 マニラ～セブ：1時間
	大韓航空	約5万円	福岡～仁川：2時間 仁川～セブ：4時間20分

第3章

自分に合った学校を見つけるためのAtoZ

Philippines
studying abroad

まずは自分のプランをしっかり立てよう

英語力の習得やフィリピン留学についての想いが高まってきたのなら、いよいよ具体的な実行案を検討してみましょう。

ここで、語学留学を成功させるための秘訣をお教えします。留学しに行く国、授業を受ける学校の特性や立地、生活レベル、期間、コスト、安全性など、考えるべき項目はたくさんありますが、**まず一番に考えるべきは、自分自身の気持ち、意志です**。なぜ留学してまで英語を学ぶ必要があるのか。どこまで英語力を身につけたいのか、習得した英語でなにをしたいのか。いうなれば、留学を終えたときにどうなっていたいのか、出口戦略を構想することともいえるでしょう。そうした意志をしっかり固めていなければ、各種プランを練るのに相当な時間がかかってしまいますし、後悔することになりかねません。

より具体的な目標を持っていれば、そこから必要な期間や授業内容を割り出せます。プランを煮詰めやすくなり、結果を残せるでしょう。「ビジネスで英語を使いたいからＴＯＥＩＣ８００点を取りたい」といった数値に置き換えられれば、より明白です。逆に漠然としすぎた目標を掲げている人は、英語力を身につけることに対するリサーチが不足していると思われます。「英語がペラペラになりたい」という抽象的な目標では、いつまでにどこまで学べばよいかわからず、時間を有意義に使えません。「とにかくがんばります！」と突っ走ってもゴールが見えなければ疲れてしまい、脱落してしまうかもしれません。

出口戦略をいかに具体的に立てているかで、その人の本気度が見えてきます。それに、**自分がどうなりたいのか明確な目標が立てられていると、自然と行動も伴っていくもの**です。

自分自身の性格を見つめ、**理想とする学校のイメージを思い描いてみる**ことも重要です。ストレス耐性は高いほうか、低いほうか。人づき合いは得意なほうか、不得意なほうか。人にいわれずとも自発的に行動できるほうか、お尻を叩かれないと動けないほうか。どちらだと留学に問題がある、というわけではありません。さまざまな条件を選ぶ際に、そうした性格が重要な材料になります。その上で、はじめはボヤッとしていても結構ですので、自分が過ごしやすくて勉強に集中できる環境をイメージしてみてください。広々として開放的なキャンパスか、手狭でも近代的な施設か。生徒がたくさんいる学校か、少人数でアットホームな学校か。いつも活気にあふれている場所か、静かで落ち着く場所か。これまでご自身が過ごされてきた高校や大学の学生時代の雰囲気も、大きな影響を与えるでしょう。

また、フィリピン留学の場合は学校＝居住地です。思い描いたイメージに近いかどうかは、勉強だけでなく生活面にも大きな意味を持ちます。「オススメの学校はどこですか？」とよく聞かれますが、誰にとっても最高な理想校はありません。1人ひとりの個性に合った学校を見つけることが重要です。ちなみに、フィリピン留学においては、よほどのことがない限り授業内容にクレームがつくことはありません。学校やコースによって習得スピードに違いはありますが、どこもマンツーマン授業は充実していますし指導も丁寧だからです。**実際のクレームは、生活環境が思い描いていたものと違っていたという理由がほとんど**なのです。

　プランを練るには、学校のパンフレットやｗｅｂサイトを見たり留学エージェントと相談したりすることになりますが、ある程度は事前に自分の意志を固めておかないと、周りに振り回されかねません。当然ビジネスですから、学校から発信される情報は、ウソのない範囲で理想的な言葉ばかりが並び、誘惑してくるからです。なによりもまず自分の意志を固め、性格や留学イメージを見極めることからはじめてください。

留学する期間を検討しよう

次に現実問題として振りかかるのが、留学期間だと思います。

学業や仕事など、自分の現在の所属先からどれくらい離れることができるのか。費用的にも、どれくらい留学できるのか。英語をしっかり学ぶという観点でいえば、果たすべき目的に合わせて留学期間を割り出すのが理想ですが、どう調整しても必要な日数を下回る期間しか行けそうもない、という状況もありえるでしょう。その際は現実に即して目標値を再設定するか、想定よりも学習スピードの速い学校を選ぶことになると思われます。なんとなくのイメージで「２カ月くらいかな？」などと決めるものではないと思います。それに、最初から期間ありきで留学計画を立てると、本当に身につけたかった英語レベルがどこなのか見失うことになりかねません。本当は４カ月必要だとわかっていて、どうしても２カ月しか留学できないというのなら、またいつか２回目の留学を計画すればよいのです。

なお参考までに、期間に関する一般論をお話しします。**フィリピン留学においてひとつのラインとなるのが、３カ月です**。３カ月が経つと、ＴＯＥＩＣ５００点未満からスタートした人でも基礎レベルの英会話をそこそこ聞けて、話せるようになってきます。しかし、そこで中高で習ってきた英語のボキャブラリーは底をつき、さらに上達しようとすると見慣れない単語を学ぶ必要性に迫られます。基礎ができればあとは語彙力の問題ですから、これまで以上の予習と授業中の集中力が必要になってくるのです。頭がフル回転することによって脳の疲れも増し、マンツーマン授業が多すぎると頭が働かなくなってしまうこともあります。大事なのは体力を温存し、学習意欲を維持することです。そのため、3カ月以上留学できる人は、3カ月目まではマンツーマン授業を目一杯行い、以降はグループ授業や自習の割合を増してバランスを調整することをオススメします。3カ月未満しか留学できないという人は、ともかくたくさんマンツーマン授業を受けて英語のシャワーを浴びましょう。

なお、最初は局所的な学習からはじまりますので、英語が上達しているように思えず不安になるかもしれません。しかし、1カ月が経過したくらいからジワジワと成長曲線が上がりはじめ、3カ月までグングン成長できるでしょう。その後はゆるやかに、しかし着実に成長していけるはずです。

社会人の方のなかには、1~2週間の留学を検討している人もいると思います。その場合は、なるべく事前にたっぷり予習して語彙力や文法力を伸ばした上で、できる限りマンツーマン授業を受けるのがよいと思います。体力を温存しても仕方ありませんから、燃え尽きるほど英語に取り組んでください。学校によっては土曜日でもマンツーマン授業を8時間取れるところもあります。土曜のありなしは大きな違いになりますから、こうした学校を選ぶのがよいでしょう。

また、**学校は基本的に月曜スタートの金曜日終わりのスケジュール**ですが、交渉すれば、たとえば水曜日スタートの火曜日終わりというように変更することも不可能ではありません。また、最大で１・５週間しか在籍できないとしても、ロス分の返金はないものの２週間で申し込むこともできます。社会人の方にはさまざまな都合があると思いますが、交渉してみればなんとかなる場合もあるため、まずは問い合わせをしてみてください。

フィリピン学校の基本を知る

なぜ留学をしたいのか？が見えてきたら、いよいよ具体的な学校選びがはじまります。細部の違いを解説する前に、まずはフィリピンの語学学校の概要を見ていきましょう。

まず、フィリピンに存在する留学生向けの語学学校の数ですが、大小合わせて４００校あるといわれています。オーストラリアやカナダといった主要な欧米圏でも、それぞれ２００校くらいですから倍以上です。しかし、こうした欧米圏の語学学校のほとんどが２００～３００人、少ないところでも１００人の生徒を受け入れる規模であるのに対し、フィリピンの語学学校には生徒数が10～20人という学校も含まれています。なかには一軒家を改築しただけだったり、違法経営していたり、いつ廃業するかわからないような学校もあり、まさにピンからキリまで存在しています。ブームの様相を呈しており、留学生の奪い合いが行われている弱肉強食の世界なのです。

正直にいって、**日本人のみなさんに安心してご紹介できる学校は４００校中50～60校ほど**だと私は考えています。

学校の善し悪しを見極めるひとつの指標が、日本人留学生の割合でしょう。お話ししたとおりフィリピン留学は韓国が開発・成長させた市場で、経営者も生徒もほとんどが韓国人です。しかし、生徒のメインである大学生の利用は夏休みと冬休みに集中してしまうため、オフピーク時にも日本人留学生を呼び込めるような体制を構築している学校ほど、しっかりとした経営努力を行っているといえるからです。安定的に生徒を確保できていないと、繁忙期だけ講師を臨時で呼び入れ、平時は雇わないという体制になりますからよい講師をつかまえにくく、講師の質も向上しにくいのです。１日８コマの授業があれば、留学生は８人の講師を相手にすることになりますが、素人であっても教え方の上手い下手はわかりますから、やがて悪評が立って経営は行き詰まっていくでしょう。

また、少なすぎる生徒数というのも考えものです。生徒数が10〜20人というのは、いまが発展途上であるかもしれませんし、教育内容の出来不出来を決めつけられるものでもありませんが、やはり収益性の面からは心許ないのが実情です。設備や講師、生活環境などを拡充させたいのなら、どんどん規模を拡大していくのが通常で、生徒数１００人規模になってようやく企業体力がついてくるところだと思います。設立から数年経ってもそこまで規模が拡大していかないのは、採算度外視してボランティア的に教育を行っている変わった学校か、経営が上手くいっていない学校なのだといえるでしょう。

現状を理解する上で、ビジネスの側面からもお話ししましょう。２０００年ごろから韓国はフィリピン留学というマーケットを拡大し、いまやほぼ全大学生が留学を経験する「全留」

時代に突入しました。それは飽和状態に入ったことを意味し、いまでは子供や社会人など新規ターゲットを模索している状況です。

そうしたことから、大学生以上の大人を相手にするビジネスは韓国人の間では頭打ちしたと考えられています。そのため新たな学校を開設したり内容を充実させたりするよりも、これから参入してくる日本人に事業をまるごと売却し、売り抜けようとする経営者が少なくありません。

日本にフィリピン留学が紹介されはじめたのは２００９年ごろですが、日本人経営者が現地語学事業に参戦しはじめたのは２０１２年ごろからです。そのため、**設立から3年程度の若い学校ばかりであるのが特徴**です。留学業界、英会話スクールや塾経営に携わっている経営者もいますが、**ビジネスチャンスを嗅ぎつけた留学関係・教育関係外の事業家も少なくありません**。手に入れた設備や人材、マニュアルなどを活用しつつ試行錯誤を繰り返し、留学ビジネスを習得していっています。

現在、日本人経営校は20校ほどあります。そのうち、おおよそ7割が異業種からやってきた企業で、残り3割が留学エージェントから事業拡大を図ったりこれまで別の国で留学事業を行っていたりと、留学ビジネスに関係のある企業です。どちらもしっかりと事業に取り組まれていますが、現時点においては教育業界を熟知した後者のほうが学校としての完成度が高く、オススメします。ただ、こうしたバックグラウンドは内情を知る留学エージェントでもなければわかりにくいのも正直なところです。そうした業界事情も情報提供しますので、カウンセリングの際に聞いて頂ければと思います。

次からは、学校によって大きく異なるポイントを解説していきます。

学校による違い①　韓国資本校と日本資本校

よく聞かれるのが、「韓国資本の学校と日本資本の学校、どちらがよいのか？」という質問です。フィリピンにある語学学校約４００校のうち、安心してご紹介できるのは50～60校といいましたが、うち約20校が日本資本校、残り30～40校が韓国資本校といった割合です。

●生徒の国籍割合

日本経営校は、生徒のほとんどが日本人です。韓国経営校は韓国人ばかりですが、学校によって日本人が10～50％ほど在籍しています。なお、最近では日本―韓国間で政治的な懸念もありますが、一緒になる韓国人とは歳が離れていることも多いですし、若い彼らはそうしたことに無関心な場合がほとんどで、トラブルがあったというケースは耳にしません。

●授業内容

日本資本校はマンツーマン授業に注力する傾向にあります。韓国資本校は多種多様で、マンツーマン授業よりもグループ授業が多い学校が少なくありませんが、ＴＯＥＩＣやＩＥＬＴＳなど高度なコースも充実しています。

〈寮で出される食事例〉

学校にもよりますが、食事は韓国食、フィリピン食、日本食がメインになります。

●食事

日本経営校は生徒の多くが日本人ということもあり、そばやカツ丼、カレーなど、日本食の取り扱いが多いのが特徴です。**韓国経営校は、やはり韓国食**です。ただ、韓国食といえばキムチを代表する辛い料理のイメージが強いですが、辛いのが苦手な韓国人もいますし、すべてが激辛なわけではありません。学校によっては、トウガラシを抜いたものと入れたものの2タイプを用意する学校もあります。また、基本的に食事はバイキング形式ですから、苦手なものは食べなければよいだけです。

なお、どちらの経営校でも現地フィリピン料理を取り扱っているところが増えています。

日本経営校は、日本人が生活しやすい環境や食事を提供していることを打ち出したところが少なくありません。異国の地、それも発展途上国ということに不安を抱いている人は、そうした部分に大きな魅力を感じると思います。

ただ、逆立ちしても韓国経営校に肩を並べられないのが、歴史です。**名だたる韓国経営校は15年以上の歴史のなかで教育ノウハウを培い、質の高い講師たちを育て、幅広いコースを開設してきました。**こうした事実がありますから、日本経営校で教育の質を一番の売りにしたところはありませんし、仮にそう宣伝したとしても、業界関係者からは冷ややかな視線を集めることになるでしょう。なにを求めてフィリピンまで留学しに行くのか、改めて自分の意志を確認してみれば、どちらを選ぶのがよいのかが見えてくると思います。

学校による違い②　高コスパモデルと激安モデル

次は授業料の違いです。欧米圏よりも圧倒的な安さがフィリピン留学の魅力のひとつですが、フィリピン内でも学校ごとの価格差はあります。2人部屋利用・マンツーマン授業5時間／1日を標準と考えると、**2015年6月現在で授業料は17万～18万円／月くらいが平均**でしょう。これでも十分「高コスパモデル」といえます。しかし、なかにはこれよりも安い学校があり、「激安モデル」と呼べるでしょう。何カ月も留学することを考えれば、月に数万円の違いは大きな差を生み出します。

歴史と実績のある有名校は、メジャーすぎることから悪くいえば没個性と見られがちで、マイナーな学校ほど安さを武器に留学生の関心を集めています。留学希望者のなかにはマイナー、アウトローなタイプを好む方もおり、こうした「激安モデル」に強く興味を示されます。ただ、**安いのは安いなりのからくりがある**ものです。質がよい講師ほど給料も上がりますから、TOEIC対策やビジネス会話など高レベルのコースをなくし、それほどでない講師でも教えられる英会話のみにすれば、コストを抑えることができます。留学生が増えたときだけ、安価な臨時講師を雇い入れるという方法もあるでしょう。また、コストの安さは施設面においても顕著です。老朽化し客室として提供できなくなったホテルの一室を学生寮としていたりと、生活のレベルでも安いなりの理由があるものです。講師の質が高くなくとも日本では経験できない量の英語のシャワーを浴びられますし、勉強はそこそこに、休日は街へ遊びに行ったりダイビングも楽しみたいという人には、「激安モデル」はメリットがあるといえます。ただ、やはり授業の質を落としたくないという人は、予算の問題がない限り「高コスパモデル」を前提としたほうがよいと思います。

ちなみに、17万〜18万円／月という標準額を上回る学校へ行ったとしても、先生のレベルがさらによくなるわけではありません。この標準レベルで、十分一定以上のレベルが担保されていると考えて差し支えないからです。ではなにが違っているのかといえば、立地や設備といった部分です。交通インフラが整いアクセスしやすい場所にある、建てられたばかりの高級コンドミニアムのような寮で生活できる、といった具合です。特に寝泊まりすることになる設備はピンキリですから、長い留学生活でストレスを溜めずに勉強できるよう、予算を考慮しつつ自分に合ったところを選ぶようにしましょう。

お金にまつわる話では、通貨の違いもあります。**授業料をUSドルで支払うか、日本円で支払うか、学校によって異なる**のです。フィリピン・ペソは日々の生活費や街なかでの飲食費・遊興費に活用しますが、授業料をペソで支払うことはほとんどありません。それは経営企業が韓国または日本国籍だからです。韓国資本校の場合は、母国通貨のウォンよりも基軸通貨であるＵＳドルで会計業務を行う傾向にあり、日本資本校の場合は、日本企業であり、生徒もほとんどが日本人なので、そのまま日本円を活用しています。

この違いが私たちに関係してくるのは、為替が大きく振れたときです。授業料は、信頼を失わないためにもコロコロ変わるものではなく、料金改定はあっても年に１～2回くらいです。たとえば韓国資本校で、１ドル１００円のときに毎月の授業料が１８００ドル（18万円）と設定されていた場合、留学時に１ドルが１２０円と円安になっていれば、授業料の１８００ドルを支払うのに21万６０００円が必要になってしまいます。もしこれが日本資本校であれば、１ドルが１００円であっても１２０円であっても、授業料18万円ということに変わりはありません（両替手数料などは考えないものとします）。これは円高になった場合は逆のことがいえます。授業料設定時よりも円高が進めば、ＵＳドルベースの韓国資本校のほうがお得感が高まることとなります。リーマン・ショック以降、**長年円高が続いていた２０１０年代はじめは韓国資本校にお得感がありましたが、円安傾向の現在は日本資本校のほうがお得といいやすい状況があります**（韓国資本校の一部で、日本円ベース学校もあります）。いつの為替レートで設定した授業料なのか、ｗｅｂサイトで見るだけではわからないと思いますが、常に業界をウォッチしている私ども留学エージェントに聞いていただければお答えできると思います。

学校による違い③ ノーマル方式とスパルタ方式

フィリピン留学が欧米圏と違うのは、授業に加え日々の生活までがパッケージされている点にありますが、それらへの学校側からの干渉レベルには、2タイプがあります。ごく一般的なノーマル方式と、厳しいスパルタ方式です。

ノーマル方式は、それほど規則に厳しくない高校や大学の寮生活のようなものです。食事や就寝時間の設定はありますが、それ以外の時間ならなにをやっても比較的自由です。やろうと思えば最後の授業が終わる18時から外出でき、都市部なら15分くらいで繁華街まで行けますから、そこで飲食したり遊んだりして、門限の21時や22時までに戻ってくればＯＫです。授業のない土日も自由で、いつもより遅くまで寝ていたり、街へ遊びに出たり、泊まりがけで旅行へ行くことも可能です。しかし、学校には食品や生活雑貨を売っている売店もありますし、食事も出るわけですから、本来外出する必要性はまったくありません。自由だからと遊んでばかりいては、なにをしに行ったのか目的を見失うことになりかねません。

スパルタ方式は軍隊方式ともいわれ、その名のとおり**授業以外の時間も非常に厳しい監督下に置かれます**。授業の総時間はノーマル方式と同じかやや多い程度ですが、自習室での自習を強要される「強制自習」があったり、毎日のようにテストがあったりして、生徒自身の気持ちやモチベーションとは関係なしに進んでいきます。土曜日に授業があるところもあります。もちろん平日の外出は一切禁止。休日の外出も届け出が必要で、成績が芳しくなければ遊びに行くことはできません。まさに、朝から晩まで拘束されるのです。

スパルタ方式が存在しているのは、留学生のほとんどが未成年の韓国人大学生であり、遊び呆けることなく英語を勉強してほしい、またトラブルに巻き込まれることなく安全に過ごしてほしい、という親の要望を受けたためです。受験を終え、親元から離れて羽を伸ばしすぎることのないよう、学校側が親代わりとなって厳しく監督しているのです。ある程度は自由にやらせてほしい、という人はノーマル方式がよいと思います。実際に**軍隊生活を経験している韓国人学生は、スパルタ方式にある程度の慣れがあるようですが、日本人の多くは面食らうでしょう**。

ただ、どうしても自分は周りに流されやすく、街へ遊びに行きすぎて自習時間も勉強しない可能性があるという人なら、勉強から生活まですべてを管理してもらえるスパルタ方式に身を預けるのも手かもしれません。実際、スパルタ方式の学校に留学した方は、元から厳しいものだとわかって選んでいますから、その管理方法が嫌だとクレームをつけることはあまりありません。自分に弱いタイプや周囲に流されやすい人はスパルタ方式、そうでないのならノーマル方式を選ぶのがよいと思います。

カリキュラム別の 1 週間のスケジュール

■マンツーマン授業1日5時間のコース例（ノーマル方式）

時間	時限数	月曜日　火曜日　水曜日　木曜日　金曜日
7:00～8:00	-	朝食
8:00～8:50	1時限目	マンツーマン授業（リスニング）
9:00～9:50	2時限目	マンツーマン授業（ライティング）
10:00～10:50	3時限目	自習時間 / 休憩時間
11:00～11:50	4時限目	マンツーマン授業（スピーキング）
12:00～13:00	-	昼食
13:00～13:50	5時限目	マンツーマン授業（リーディング）
14:00～14:50	6時限目	自習時間 / 休憩時間
15:00～15:50	7時限目	マンツーマン授業（文法）
16:00～16:50	8時限目	グループ授業（ディスカッション）
17:00～18:00	-	夕食
18:00～20:00	-	夜間オプション授業（希望者）
20:00～23:00	-	自習時間 / 自由時間
23:00	-	門限（就寝）

■スパルタコース例（平日外出禁止・義務自習あり）

時間	時限数	月曜日　火曜日　水曜日　木曜日　金曜日
7:00～8:00	-	朝食
8:00～8:50	1時限目	マンツーマン授業（ライティング）
9:00～9:50	2時限目	マンツーマン授業（スピーキング）
10:00～10:50	3時限目	グループ授業（会話表現）
11:00～11:50	4時限目	マンツーマン授業（リスニング）
12:00～13:00	-	昼食
13:00～13:50	5時限目	マンツーマン授業（リーディング）
14:00～14:50	6時限目	自習時間 / 休憩時間
15:00～15:50	7時限目	マンツーマン授業（文法）
16:00～16:50	8時限目	グループ授業（ディスカッション）
17:00～18:00	9時限目	オプション授業（CNNニュース）
18:00～19:00	-	夕食
19:00～21:00	-	義務自習
21:00～21:30	-	単語テスト
21:30～	-	自習時間 / 自由時間　※ただし外出禁止

※学校によっては、土曜日に授業が行われる場合もあります。

学校による違い④ ビル型とキャンパス型

基本的に街に出ることなく生活しますから、学校設備のタイプも重要です。大別すれば、ビル型とキャンパス型の２つになります。

ビル型の多くは、マニラやセブシティの中心部などの都会にあることがほとんどです。語学学校として新築されたというより、オフィスビルやビジネスホテルだった物件を改築したものがほとんどです。**教室も宿泊施設も同一のビル内にありますから、どの行動も時間のロスなく行えます**。また都会であれば、マニラ空港やセブ空港などからのアクセスもよいですし、飲食店やスーパー、娯楽施設なども充実しています。しかし**デメリットとしては、一日中ビルのなかにいると息が詰まりやすいこと**です。運動は階段の上り下りだけになりますので、ストレスが溜まるとつい街の空気を吸いたくなって、自習もせず外へ遊びに行ってしまいやすいのです。いかに外の誘惑から自制し、ストレスをコントロールできるかが肝心になります。

キャンパス型は、日本の大学の郊外型キャンパスを一回り小さくしたような学校で、そこそこ広い敷地に平屋の学校施設や寮施設が併設されています。ある程度の敷地面積が必要ですから、地価の安い地方にあることがほとんどです。学校内とはいえ**外の空気を吸えますの**

で、散歩したり外でお茶したりと息抜きしやすいのが特徴です。何カ月も生活することになりますから、少しでも生活に変化を持たせられたほうが退屈せずに済むでしょう。**デメリットは、地方だとすぐ手の届く範囲に商業施設や娯楽施設が少ないことです**。もちろん生活が困難になることはありませんし、各地に「SM」という大型ショッピングセンターがあるのですが、小さな店が建ち並ぶ商店街や観光客が訪れるスポットは期待できません。反面、勉強に集中できる環境だともいえるでしょう。どの学校でも空港からのアクセスは概ね2~3時間となりますので、そこまで大変ではありません。

ビル型とキャンパス型のどちらがよいのかは、留学生の好みによる部分も大きいのですが、私の経験上2カ月という期間がひとつの目安になると思います。たまに息抜きしながらがんばるわけですが、2カ月を超えたころには授業内容も高度になり、ストレスの度合いも増してきます。そうなると息抜きへの欲求も高まってきます。キャンパス型はある種閉じられた空間ですし、学校内でうまくストレスを発散できるのですが、ビル型の場合は外に求めるしかありません。あまりに外出する頻度が高くなると、それが元で勉強についていけなくなるという悪循環が発生しやすいのです。そのため、**2カ月以上の留学を考えている人で、ストレス耐性に不安があったり、都会でなくても問題ないという人は、キャンパス型を選んだほうがベター**だと思います。

学校による違い⑤　大規模校と小規模校

フィリピンの語学学校は生徒の規模もさまざまです。便宜的に１００人に満たないところを小規模校、１００人以上を大規模校とした場合の違いをお話しします。

小規模校は生徒の数も講師の数も少ないですから、**お互いの顔を覚えやすく、意思を通わせやすいのが利点**だと思います。いわゆる「アットホームな学校」で、これを売りにしているところも少なくありません。少し調子が悪いときにはスタッフから話しかけてくれたり、病気になったときも親身になって対応してくれるかもしれません。和気あいあいとして、異国にあっても寂しい思いをせずに済むでしょう。実際、こうした点を評価する留学生は多いものです。しかし、人と人の距離が近いというのは、よいことばかりではありません。勉強や生活で密な関係を構築すれば、派閥やしがらみが生まれます。リーダーシップのある人が「これから食事に行こう」「次の休日に旅行へ行こう」といってみながそうした雰囲気になれば、本当は自習したいのについて行ってしまう、ということもあるのです。自分の考えを通せば、「空気が読めないヤツ」と周りから爪弾きにされてしまうかもしれません。転校もクラス替えもできない、1学年1クラスの学校に入るのと似たようなものです。

フィリピン留学のメリットは、通学時間がなく3食つきの全寮制にありますが、それは自分の行動パターンが24時間丸見えということであり、人間関係が学校でも生活でも続くことを意味します。他の留学生との関係が悪くなっても、英語力の向上という目標の達成は邪魔されませんし、どうなろうと自分は勉強をがんばるのみと意志を貫ける人であれば問題はありません。しかし、アットホームな人間関係を求めて小規模校に留学した場合、仲間の存在が助けになることもあれば、大きな負担になることもあるのを知っておいてください。

大規模校は、小規模校に比べれば学校スタッフとの親密度はやや落ちるかもしれませんが、生徒へのサポートや管理能力は人数とは別の問題です。留学生間の団結力もやや薄まるでしょう。しかし、仲間を見つけようと思えばできますし、グループもひとつだけでなく複数できますから、誘いを断ったら即爪弾きになるという雰囲気にはなりません。それぞれの講座やサークルごとに交友関係ができる大学生のようなものです。なにより**周りから受ける干渉も小さいですから、自分のペースで勉強も生活もしやすくなります**。大規模校だからと生徒1人あたりの講師数が減るわけではありませんし、マンツーマン授業で講師とも密な関係を築けますから、独り放っておかれることはないのです。

英語を学ぶという本分を考えれば、大規模校を選ぶことにデメリットはありません。人寂しい性格だという人は小規模校も視野に入れつつ、その他のポイントも踏まえて学校を選ぶのがよいと思います。

現地での生活スタイルは？

実際、フィリピンでの留学中はどのような毎日を過ごすことになるのか？　オススメできる50～60校のほとんどで共通している事項について説明します。

●部屋

ベッド、机、椅子、エアコン、風呂・トイレなど、海外の一般的な宿泊施設と同じ設備を備えています。以前は各部屋に風呂・トイレがなく、共同のシャワールームやトイレを利用するところもありましたが、いまはほとんどなくなりました。テレビの有無はケースバイケースです。ただ、正直おもしろい番組はあまりありませんから期待しない方がいいでしょうし、観る時間もそれほどありません。冷蔵庫も学校によってさまざまで、共同で大きなタイプを用意し、名前を書いた袋を入れて各自で管理するところが多いようです。まれに、個別にレンタルするところもあります。ただ、３食食事が出るわけですし、ウォーターサーバーなどもありますから、冷蔵庫に入れるのは好みのジュースくらいだと思います。

なお、宿泊設備は整っているものの、トイレットペーパーや歯磨き粉、シャンプー、石鹸など日々の生活に使う消耗品は、初回のみ用意してくれるところもありますが、その後は提供されません。校内の売店や街で購入する必要があります。

部屋の形態は、1人部屋から5人部屋まであります。学校側からすれば1人部屋は費用対効果がよくないため、ひとつの学校に5部屋前後なのが一般的で、一番多いのは2人部屋です。どうしても1人がよいという場合は、1人部屋をどうにか押さえるか、2人部屋を1人で使うことになります。なお、多人数部屋であっても上限の人数が必ずいるわけではなく、閑散期には4人部屋なのに1人しかいないという状況もあります。また、週単位で出入りしますから、一緒になる生徒も人数も留学期間中に変化します。部屋は生活の基盤となるわけですが、1日のスケジュールを見ればわかるように、朝7時台に食堂へ足を運んでから、戻ってくるのは夕方過ぎで、寝るためだけに使うということがほとんどです。**多人数部屋だとどのような人と一緒になるのか不安に感じるかもしれませんが、そもそもあまり接点が生まれません。**

問題になるとしたら、エアコンの取り決めでしょう。日中は30℃を軽く超す国ですから冷房は必須なのですが、各部屋には電気メーターがついており、使用したエアコンの電気代は1ワットあたりいくらで後払いすることになります。多人数部屋の場合は、一緒の部屋にいるメンバーで使用条件や支払い割合などを決めなければなりません。寝るときの22時以降だけ使用して料金は折半するのがほとんどですが、イレギュラーな使い方や支払いを求める人と一緒になれば、きちんとした話し合いが必要でしょう。

どうしても合わないという人が現れた場合は、学校側に申し出れば、新入生がやってくるなどのタイミングで別々にしてくれるでしょう。そのため、相部屋関連で解決できないトラブルに遭った留学生というのは、これまでほとんど見たことがありません。

●インターネット環境

たいてい無線のＷｉ－Ｆｉを利用できます。各部屋で使えることもありますが、ラウンジや自習室など特定の部屋に安定した回線を用意しているところがほとんどです。パソコンが備えつけられているところはほとんどなく、持参したノートパソコンやタブレット、スマートフォンを使ってインターネットやメールなどを利用できます。自習したりインターネットを利用できたりする共有スペースはエアコンもついていますから、授業が終わって夕食を済ませたあとは就寝時間までそこで時間を使う、というスタイルが一般的です。

●休日の過ごし方

毎日朝7時の起床ですが、休日は9～10時ごろまでゆっくり寝ている人も多いようです。

街や観光地へ遊びに行くこともできますが、毎週のように遊び歩くというのはまれで、疲れを癒やしにマッサージを利用し、夕方に学校へ戻って自習するという人が少なくありません。1時間の全身マッサージで600円程度なので、毎週のように施術を受けることもできるでしょう。なかにはマッサージサービスのある学校もあり、毎日のように利用している人もいるようです。

●韓国人留学生との交流

特に韓国資本校なら韓国人留学生が大多数で、彼らとの交流も活発になりますが、少し注意点があります。ルームメイトとなった場合は、前述したエアコンの使い方などのルールをしっかり話し合いましょう。日本人同士だと「いわなくてもわかる」「関係が気まずくなるから我慢する」考えがありますが、文化の違う韓国人相手にそれは通用しません。嫌だと思ったことはその場で解決するようにしましょう。お互い慣れない英語でのコミュニケーションになりますが、適当な対応をしているとあとで問題が大きくなります。

また男性の場合、兵役を経験している方も多く、日本人よりもはるかに多くのお酒を飲みます。一緒にお酒を飲む機会もあるでしょうが、彼らのペースに合わせていると痛い目に遭うでしょう。ちなみに韓国人が多いグループと飲みに行けば韓国語での会話となり、スピーキングの練習にもなりません。頻繁に誘われる場合は、断ることも大切です。

日本人向けの学校とは？

人によって求めるニーズはさまざまですが、授業の内容や生活へのサポートといった視点から「日本人に向いている学校」をお教えしたいと思います。

まず、見るべきは日本人留学生の数です。日本資本校であれば詳細を見るまでもなく日本人が大多数ですが、韓国資本校の場合は10～50％ほどとバラバラです。私はこれが、30％以上あるところが「日本人向き」の条件のひとつだと考えています。欧米圏留学のイメージが強い方は、「周りに日本人が多いと慣れ合いから英語力が伸びない」と考えがちですが、これまでお伝えしてきたように、マンツーマン授業が充実したフィリピン留学にこの説は当てはまりません。むしろ**日本人の割合は、学校側が日本人向けマーケットをどれだけ重視しているのかがわかる指標**となります。

歴史があり教育の質も高い韓国資本校は、留学先候補として第一に検討してほしいところですが、日本人留学生がこれだけ増えてきた現状においても日本人の割合が著しく低いようですと、少し厳しいかもしれません。割合が少なければ、食事や生活などのスタイルや各種ルールにおいて、日本人に合わせようという気はなくなるでしょう。日本人の割合が30％以上いれば無視できないマーケットといえますので、一定の配慮はしているのではないかと考えられます。

また、**日本人スタッフがいるかどうかも判断材料になります**。まだ英語が全然できないはじめのころ、設備の説明や近隣店舗の紹介、生活の仕方などを教えてくれる日本人スタッフはとてもありがたい存在です。病気になり、症状を詳しく説明しなくてはならないときにも、心強い味方になってくれるでしょう。ただ、この日本人スタッフも、実は正規スタッフなのか学生スタッフなのかという違いがあります。正規スタッフは学校の諸業務に従事する専従雇用者ですが、学生スタッフは、授業料を安くしてもらうために日本人留学生の対応をアルバイト感覚で行っている留学生です。当然留学期間が終わればいなくなり、また別の留学生が担当することになります。そのため、学生スタッフのほうが対応の質がやや劣りますし、大きな問題が発生した場合は「私はそこまで責任を負えません」と逃げてしまう可能性がありますから、あまり信頼を置くことができません。先ほどの韓国資本校の話も絡みますが、日本人の割合が低いところでは日本人スタッフがいないか、いても学生スタッフであるところがほとんどです。正規スタッフか学生スタッフかはパンフレットやｗｅｂサイトでは判別がつかないでしょうから、フィリピン留学に詳しいエージェントに聞いてみるとよいでしょう。

学校は一定期間で転校したほうがよいのか？

留学希望者と話していてたまに聞かれるのが、「途中で転校したほうがよいのか？」という質問です。３カ月以上留学する場合、同じ場所では飽きてしまうし幅広い授業を経験できないから、一定期間で場所を移したほうがよいとする説があるようです。

結論から申せば、反対です。別の国への２カ国留学ならまだしも、**フィリピン国内で転校するのはデメリットのほうが大きすぎます。**転校すれば、すべて一からリセットされます。それに、同時期に入った留学生よりも自分のほうが多少英語ができる状況になりますから、一緒に街へ出ても通訳役をやらされるでしょう。彼らから得るものはないのに、エネルギーばかりが吸い取られていくようなものです。慣れ親しんできた講師もおらず、また最初から信頼関係を築いていかなければなりません。それに転校を経験すると、どうしても前の学校との比較をしてしまいます。転校先のほうが高レベルなら幸運ですが、もし前の学校のほうが優れていれば後悔してもしきれず、勉強に身が入らなくなるでしょう。なかには、再び大きな出費をしてでも戻っていく人もいます。当然コストも余計にかかります。転校先までの移動費、１万５０００〜２万円の入学金、留学生に必須の外国人登録証（ＳＳＰ）は学校単位で発行されますから、これの再発行代約３万円がかかります。

もちろん、ずっと同じ場所での生活は飽きるでしょう。しかし、そもそもフィリピンへはバカンスで行っているわけではありません。それで気持ちが萎えてしまうようなら、長期の留学というスタイルが合っていないのかもしれません。留学は限られた時間のなかで行う自分との戦いですから、やる気がなければ成功するものも成功しないでしょう。

転校は、いらない回り道をする危険性が高いのです。不安がって転校を検討するくらいなら、自分に合った学校を見つけることに時間を注ぐべきです。どうしても転校したいというのなら、コースが変わるタイミングで行ってください。会話コースが終わり、次にＴＯＥＩＣ対策、ビジネス英語対策コースへ進むという段階なら、授業内容や講師、生活リズムも刷新されますから、転校による影響を少なくすることができます。

留学する前から「飽きてしまうのではないか?」という不安が拭えない人は、当初の留学計画よりも少ない期間ではじめ、問題がなければ現地で延長を申請するという方法もあります。たとえば4カ月の留学を考えていた場合、2カ月だけで申し込み、1カ月くらいやってみて問題なければ途中でもう2カ月を延長、別の学校へ移りたいのなら事前に検討していた他校に移るという方法です。席が埋まってしまい延期・入学できないリスクがありますが、空きさえあれば問題はありません。また別の学校への転校手続きも、現地からインターネットを使って行えますし、メール経由で留学エージェントに代行依頼もできます。

留学エージェントの知識と経験を有効活用しよう！

私がいうのもヘンですが、いまほど留学エージェントが便利な時代は他にないと思います。もちろん学校選びから各種手続きまで個人で行うことも可能ですが、留学エージェントを使ったほうが結果として大きな成果を得られるはずです。

第一に、インターネットをメインとする販促活動をしている私ども「留学ドットコム」のようなエージェントは、留学生から手数料などの費用を直接頂戴することはありません。旅行代理店と同じく、利用する学校や航空会社、保険会社などからマージンを得て営業していますから、留学生としては自分でやろうが留学エージェントを利用しようが、支払う金額は同じです。それに各種手配にかかる時間的労力を考えれば、圧倒的に留学エージェントのほうに分があるでしょう。インターネットが発達していなかった時代は、雑誌への広告や印刷物発行に莫大な宣伝広告費がかかるため、サポート料などの名目で20万~30万円程度の手数料を取るのが主流でした。現在でもごく一部の留学エージェントは、そうした費用を請求しています。しかし費用のかからない留学エージェントがよければ、そうした業者のほうが現在は断然多いのですから、そちらを選べばよいのです。

第二に、最新で詳細な学校情報が手に入ります。本書でも詳しく解説してきましたが、まだまだお伝えしたいことは尽きませんし、こっそり内緒でお教えしたいこともあります。フィリピン留学はブーム化しつつあるからこそ、情報の鮮度も重要です。インターネットでもさまざまな情報が落ちていますが、六法全書を覚えれば弁護士になれるわけではないのと同じく、情報量の多さが正しい理解につながるとは限りません。ウソかホントかもわからないものです。現実を知っている留学エージェントなら、正しい情報を提供できます。

第三に、カウンセリングを経て自分に合った学校を見つけられます。「留学エージェントに都合のよい学校を押しつけられるのではないか?」と疑われる方もいるかもしれませんが、多くの留学エージェントでは、日本人向けに良質な英語教育を提供していてクレームを極力出さない学校のなかから、留学生のニーズにマッチした学校を紹介するだけです。前述したとおり、私どもは留学を実現していただくことで収益を得るのみですので、特定の学校を熱心にオススメしたり他の学校へ行かせないよう誘導したりする行為に意味はありません。さらには、表には出てこない「よいところ」や「ダメなところ」をあけすけにお伝えしても、私どもとしては痛くも痒くもありません。厳しいいい方になりますが、努力しない学校は消えてもらって構わないと考えています。

なかには「一部の学校しか取り扱っていない」業者もあるでしょう。これは、その業者にとって信頼の置けない学校は候補から外し、留学生の満足度が担保できる学校のみを商品棚に並べているのかもしれません。大きなエネルギーを費やすことになるクレーム対応を避けるべく、留学エージェントは誠実かつ信頼が担保できる学校であるかどうか、常に睨みをきかせています。「思っていたのとは違っていた」というクレームが広まれば商売は立ち行きませんから、**問題が起きそうな学校を紹介することはありません**。うちの話ではありませんが、過去には違法性を隠して経営している学校へ留学し、現地で不法滞在に問われて強制送還になった人もいます。

私はこれまでに1万人以上の留学生をフィリピンや欧米諸国への留学に送り出してきた経験から、ある程度のカウンセリングを行えばその人はどの学校が向いているか、わかるようになりました。ご自身の意志や学校による違いを踏まえ、カウンセリングしていくことで、1人ひとりに合った学校を紹介できると思います。

第四に、留学を多角的にサポートしてくれます。留学準備に必要なことをアドバイスしてくれますし、学校との間で問題があれば間に入って解決してくれます。起こらないのが一番ですが、万一留学先の学校とトラブルが生じてしまったら、個人で申し込みした人と留学エージェントの仲介で来た人とでは、対応が異なる場合があります。前者であれば、その人さえ我慢してくれればよいわけですから、学校側の対応はなおざりになりがちです。しかし後者の場合、その人の背後には将来やってくるであろう何百、何千もの留学生が控えているわけで、ずさんな対応は信頼を失い経営を危うくさせます。バックの存在が一定の圧力となり、予期せぬトラブルが起きても解決しやすくなるのです。

なお留学エージェントには、特定の国に特化した地域専門エージェントと、幅広い国を網羅した総合エージェントがあります。英語留学と一言でいっても、国によって得られる成果や具体的な内容は異なりますし、必要な手続きもバラバラです。現地語学学校や旅行代理店、航空会社など関係先パートナーも違うわけですから、たくさんの留学地をカバーしようとすると非常に大きなエネルギーが必要となります。そうしたエネルギーを1カ国に注いで専門性を高めたのが、地域専門エージェントです。そこだけしか知らない特別な情報も持っていることでしょう。しかし、「どうしてもその国へ行きたい！」と希望する人を除けば、留学生の第一の希望は英語力を身につけることですから、国の選択から行える総合エージェントのほうが一から相談しやすいと思います。なかには自分のところをよく見せるために、「フィリピンは発展途上国だから危ないよ」などとうそぶくエージェントもあります。自社のお得意先の国や学校をススメるために他国への留学を貶めるのは、留学生にとって害悪でしかありません。

「留学ドットコム」も徐々に取り扱いを広げて総合エージェントとなりましたから、新規開拓の大変さは理解しています。その上で思うのは、やはり最初は総合エージェントに足を運んでもらうところからはじめるのがよい、ということです。本書ではフィリピン留学の魅力を解説していますが、カウンセリングした結果で欧米圏のほうがよいとわかれば、そちらのなかで最適な留学プランをご案内します。留学生の満足に適うプランやサービスを提供するのが、留学エージェントとして当然の役目であると考えます。

第4章

徹底検証！日本人に人気の20校最新情報

２０１５年６月現在の情報です。各項目は予告なく、変更になる場合があります。予めご了承ください。

Philippines studying abroad

University of Visayas ESL（UV ESL）

ユニバーシティ・オブ・ヴィサヤ・イーエスエル（ユーブイ・イーエスエル）

所在地	G&G Suites,UV Banilad Campus,Gullas Medical Compound, Cebu City, 6000, Philippines
学校公式ウェブサイト	http://uvesl.com/　※韓国語サイト/日本語公式サイトなし
開講年度	2002年
日系／韓国系	韓国系
生徒定員	約185名
日本人割合	20～30%
日本語スタッフの有無	在籍（正社員：1名　学生スタッフ：2名）

現地の学生たちとも交流できる 大学敷地内にある唯一の学校

ヴィサヤ大学敷地内に位置し、大学内の図書館や学食などの施設を使用することができます。大学聴講コースや欧米講師によるビジネス英語やプレゼンテーション授業など、他の学校にはない魅力あるコースも豊富です。学生寮は全館リフォームを行い、個室タイプのトイレにはウォシュレット、全室シャワーカーテンなど、日本人学生が求める設備を完備しているので、清潔面を重視する方にもよいと思います。

◆学校の特徴

・地元大学内でのオンキャンパス留学
・セブの中でも低料金設定の授業料
・上場企業を含む豊富な法人研修&大学団体実績

◆主なコース

・一般英語コース（1:1授業4時間、5時間）
・TOEICコース
・TOEFLコース
・IELTSコース
・ヴィサヤ大学聴講コース

◆費用目安

※一般英語コース、4週間、2人部屋費用例

169,000円

※1:1授業が5時間

◆教育スタイル

グループ授業のラインナップが豊富で、各種試験対策コースがあることから、中長期留学生も飽きのこない内容が魅力。各コースでマンツーマン授業とグループ授業のレギュラークラスに加え、無料のオプショングループ授業も受講でき、セミインテンシブコースでは、1日最大11時間の授業時間を確保することができる。

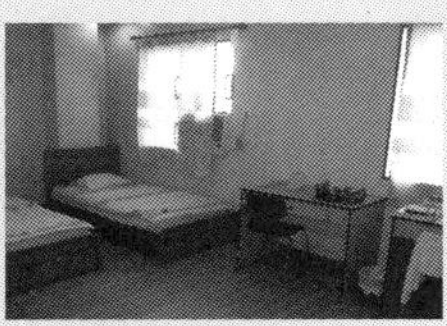

■一般英語コース（ジェネラル）

時間	時限数	内容
7:00～7:30	–	朝食
7:00～8:00	–	リスニングクラス
8:00～8:50	1時限目	1:1授業（スピーキング）
9:00～9:50	2時限目	1:1授業（ライティング）
10:00～10:50	3時限目	自習時間 / 休憩時間
11:00～11:50	4時限目	1:1授業（リスニング）
12:00～13:00	–	昼食
13:00～13:50	5時限目	1:1授業（リーディング）
14:00～14:50	6時限目	グループ授業（プレゼンテーション）
15:00～15:50	7時限目	1:1授業（文法）
16:00～16:50	8時限目	1:1授業（発音）
17:00～17:50	–	スペシャルクラス / 自習
17:50～18:50	–	夕食
18:00～20:00	–	外出可能時間
20:00～20:50	–	スペシャルクラス（希望者）
23:00	–	点呼

※1コマ40分授業で行われ、タイムテーブルは個々の学生によって異なります。

◆校内設備＆食事について

≪学校≫
売店、自習室、大学構内のカフェテリア、ジム、卓球場、ウォーターサーバー、Wi-Fiなど
≪寮≫
温水シャワー/トイレ（個室はウォシュレット）、机・椅子、テレビ、ベッド、冷蔵庫、エアコンなど
≪食事≫
日本食系メニュー例:フレンチトースト、目玉焼き、フルーツ、カレーライス、魚のフライ、ビビンバ、味噌汁など

学校スタッフのオススメ理由

セブの便利な場所に位置しながら、静かでアカデミックな環境でじっくりと英語を学ぶことができます。大学構内ならではの多彩なコースと、ネイティブ講師によるビジネスやプレゼンの授業が大好評で、多くの法人の英語研修指定校としても採用されています。

IDEA ENGLISH ACADEMY

イデア・イングリッシュ・アカデミー

所在地	La Casita Bldg, Cabahug St, North Reclamation Area, Mabolo, Cebu City, Philippines
学校公式ウェブサイト	http://www.ideaenglish.net/
開講年度	2012年
日系／韓国系	日系
生徒定員	約140名
日本人割合	90%
日本語スタッフの有無	在籍（正社員：3名　学生スタッフ：3名）

体を動かしながらも学べる
日本人に向けたセミスパルタ校

IDEAは日本資本では珍しい、厳格な学習スタイルのセミスパルタ校です。日本人学生の英語事情に精通し、弱点克服のために整えられた環境があるので、毎日の単語テストや義務自習などしっかりと集中して勉強したい方にオススメです。英語ACT授業というものでは、ヨガやダンスのスキルを英語で学べたり、学校内にはガーデンカフェやラウンジがあり、定期的にイベント企画を楽しみながら学習できます。

◆学校の特徴

・日本資本初のセミスパルタ校でしっかり学習
・日本人の弱点に合わせた英語教育内容
・徒歩圏内に大型ショッピングモールあり

◆主なコース

・一般英語コース（1:1授業4時間、5時間、6時間）
・TOEICコース　・TOEFLコース
・IELTSコース　・英検コース
・ビジネス英語コース

◆費用目安

※一般英語コース、4週間、2人部屋費用例

US1,440ドル

※1:1授業が5時間

◆教育スタイル

単語テスト⇔授業⇔義務自習で、効果的に学習するサイクルラーニングプログラムで学習を進めていく。また、スピーキング重視の授業を展開する点においては講師：学生の発言比率を3:7にバランスを取る仕組みも積極的に行っている。ACT授業ではヨガなどを英語で学ぶという脳トレ、TOEICやIELTSなどのアカデミック分野の模試トレなども用意。

■一般英語コース（インテンシブ）

時間	時限数	内容
7:00〜7:30	-	単語テスト
7:30〜8:00	-	朝食
8:00〜8:50	1時限目	1:1授業（ライティング）
9:00〜9:50	2時限目	1:1授業（スピーキング&リスニング）
10:00〜10:50	3時限目	自習時間 / 休憩時間
11:00〜11:50	4時限目	1:1授業（リーディング）
12:00〜13:00	-	昼食
13:00〜13:50	5時限目	1:1授業（文法）
14:00〜14:50	6時限目	英語ACT授業（ダンス）
15:00〜15:50	7時限目	自習時間 / 休憩時間
16:00〜16:50	8時限目	グループ授業（ディスカッション）
17:00〜17:50	9時限目	オプショナル授業（日常表現）
18:00〜19:00	-	夕食
20:00〜22:00	-	義務自習

◆校内設備＆食事について

≪学校≫
食堂、売店、学生ラウンジ、自習室、ヨガルーム、ガーデンテラスカフェ、ウォーターサーバー、Wi-Fiなど
≪寮≫
温水シャワー/トイレ、洗面台、ベッド、机・椅子、エアコン、収納棚、個人金庫など
≪食事≫
日本食系メニュー例：豆腐ハンバーグ、串カツ、インゲンの胡麻和え、フライドチキン、サラダ、とんかつ、鶏と野菜の中華炒め、ビビンバなど

学校スタッフのオススメ理由

日本人経営語学院のパイオニアです。日本人経営ならではの厳格でインテンシブなプログラムが用意され、会話重視から試験対策、ビジネスまで幅広くカバーしており、多くの年代の学生に利用されています。企業研修、教育機関研修などの実績も豊富です。

Language Institution For English (LIFE CEBU)

ランゲージ・インスティチューション・フォー・イングリッシュ（ライフ・セブ）

所在地	4F, Tower 2, Winland Towers, Juana Osmenia Ext, Cebu City, Philippines
学校公式ウェブサイト	http://life-cebu.jugem.jp/　　※公式ブログ
開講年度	2004年
日系／韓国系	日系
生徒定員	約300名
日本人割合	65～70%
日本語スタッフの有無	在籍（正社員：2名　学生スタッフ：3名）

スピーキングに重点を置き
実用的な英語が学べる

学校の特徴としては、何といってもスピーキングに重点を置いています。一般英語コースでは3種類のコースを用意し、学生ニーズに合わせた時間選択をすることもできます。現在は日本資本ですが、もともと韓国資本の有名校だったこともあり、採用時に4回の厳しい試験と面接をくぐり抜けた講師の質の高さに定評があります。セブの高級住宅街といわれている地区にあるのも魅力のひとつです。

◆学校の特徴

・スピーキングに特化したカリキュラム設定
・欧米留学準備のワーキングホリデーコースを開講
・セブ島中心地に位置し、便利で過ごしやすい環境

◆主なコース

・一般英語コース（1:1授業4時間、5時間、6時間）
・TOEIC+ESLコース
・TOEIC Speakingコース
・ワーキングホリデーコース
・ビジネス英語コース

◆費用目安

※一般英語コース、4週間、2人部屋費用例

US1,490ドル

※1:1授業が5時間

◆教育スタイル

勤務歴が最長10年の講師も所属する、歴史の長い学校。経験という何物にも代えがたいトレーニングメソッド、ティーチング能力を兼ね備えた講師陣が多数在籍。スピーキングに超特化し、学習領域を取捨選択して、主に「聞く・話す」という学習カリキュラムを中心にプログラムを構成している。フリートーキングではなく、テキストを使用した授業。

■一般英語コース（パワースピーキング 1）

時間	時限数	内容
7:30〜8:30	-	朝食
8:00〜8:50	1時限目	1:1授業（スピーキング）
9:00〜9:50	2時限目	1:1授業（リーディング）
10:00〜10:50	3時限目	無料エッセンシャルクラス / 自習時間
11:00〜11:50	4時限目	グループ授業（ディスカッション）
11:30〜13:00	-	昼食
12:50〜13:40	5時限目	1:1授業（スピーチ）
14:50〜15:40	6時限目	グループ授業（実践英語）
15:50〜16:40	7時限目	無料エッセンシャルクラス / 自習時間
16:50〜17:40	8時限目	1:1授業（リスニング）
17:30〜18:30	-	夕食

※金曜日のみテストのため、1コマ45分授業、5分休憩となります。

◆校内設備&食事について

《学校》
食堂、プール、休憩室、売店、自習室、リスニングルーム、ジム、視聴覚室、ウォーターサーバー、Wi-Fiなど
《寮》
温水シャワー/トイレ、洗面台、ベッド、机・椅子、エアコン、収納棚、冷蔵庫など
《食事》
日本食系メニュー例:コロッケ、トンカツ、韓国風巻きずし、チャプチェ、グリーンサラダ、たまご焼き、ハヤシライス、カレー、鶏から揚げなど

学校スタッフのオススメ理由

IDEA の姉妹校として、老舗韓国校より引き継ぎました。韓国資本時代に積み上げてきた長年の実績と経験によるクオリティの高い講師陣による授業は継続され、マネジメント、食事、施設などの大幅改善により、日本人学生の満足度がアップしています。

エリア
セブ

EV Academy

イーブイ・アカデミー

所在地	Gov. Mariano Cuenco Ave., Barangay., Kasambagan, Cebu City 6000, Philippines
学校公式ウェブサイト	http://www.evenglish.com/japan/index.asp
開講年度	2004年
日系／韓国系	韓国・仏系
生徒定員	約185名
日本人割合	35～40%
日本語スタッフの有無	在籍（正社員：1名　学生スタッフ：1名）

スパルタの先駆け的な学校
多国籍の生徒が在籍する

いち早くスパルタ式学習を取り入れた学校として有名です。毎週のTOEICテストやプレゼンテーション授業は、自信とやる気を鍛えます。フランス人学校長のこだわりで、緑が多くモダンなデザインで校内はとてもキレイ。校内にはマッサージルームや映画鑑賞室もあり、厳しい学習環境の中にもリラックスできる配慮があります。アジア各国から生徒が集まっているので異文化コミュニケーションも期待できるかもしれません。

◆学校の特徴

・1日9時間の豊富な勉強時間数を確保
・平日外出禁止、毎日の単語テストを行うスパルタ校
・リゾート型キャンパスによるリラックス環境を用意

◆主なコース

・一般英語コース（1:1授業4時間）
・TOEIC コース
・TOEFL コース
・IELTS コース
・TESOL 資格プログラム
・Pre TESOL プログラム

◆費用目安

※一般英語コース、4週間、2人部屋費用例

US1,640ドル

※1:1授業が4時間

◆教育スタイル

フィリピンで最初に集中プログラム、通称スパルタ学校として誕生し、1日9時間の必須授業に加え、毎日の単語、文章テストを行う。英語総合力のアップのためにアカデミック要素の授業も多く、しっかりと学習することが可能。スパルタ式の生活スタイルのため、厳しい環境で学習できる。

■一般英語コース（パワースピーキング 1）

時間	時限数	内容
6:00	-	起床
6:00～8:00	-	単語テスト&朝食
8:00～8:50	1時限目	1:1授業（語彙）
8:50～9:40	2時限目	1:1授業（スピーキング/発音）
9:50～10:40	3時限目	1:1授業（リーディング/ライティング）
10:40～11:30	4時限目	グループ授業小（文法）
11:40～12:30	-	昼食
12:30～13:30	5時限目	グループ授業小（スピークアップ）
13:30～14:20	6時限目	グループ授業小（プレゼンテーション）
14:20～15:10	7時限目	グループ授業大（リスニング）
15:20～16:10	8時限目	グループ授業大（コミュニケーション）
16:10～17:00	9時限目	グループ授業大（ライティング）
17:00～18:00	-	夕食
18:00～20:00	-	英語クラブ
20:00～	-	文章テスト/自由時間

※金曜日のみテストのため、1コマ45分授業、5分休憩となります。

◆校内設備＆食事について

≪学校≫
食堂、プール、休憩室、PCルーム、売店、マッサージ、自習室、休憩室、映画鑑賞室、プール、バドミントン、ジム、ビリヤード、ウォーターサーバー、Wi-Fiなど

≪寮≫
温水シャワー/トイレ、洗面台、ベッド、机・椅子、エアコン、収納棚、冷蔵庫など

≪食事≫
日本食系メニュー例：お好み焼き、地中海風海鮮炒め、ビビンバ、チキンのクリームシチュー、麻婆豆腐、カレーなど

学校スタッフのオススメ理由

常に満室状態が続く超人気の語学学校で、セブで最も厳しいインテンシブなプログラム内容とされています。その反面リゾートのような空間環境作りには積極的に取り組み、学生が厳しく学習しながら、リラックスして滞在できるようにデザインされております。

Brilliant Cebu English Academy

ブリリアント・セブ・イングリッシュ・アカデミー

所在地	8F Robinland Bldg Zuellig Ave.Mandaue Reclamation, Mandaue City, Cebu, Philippines
学校公式ウェブサイト	http://www.brilliant-cebu.com/
開講年度	2013年
日系／韓国系	日系
生徒定員	約40名
日本人割合	100%
日本語スタッフの有無	在籍（正社員：1名　学生スタッフ：2名）

フィリピンでトップクラスの施設に滞在する快適な環境

最高級コンドミニアムを学生寮として使用し、同じ施設内に教室を備えるハイグレードな学校。施設環境や衛生面にこだわる方には最適です。日本人スタッフのサポートも万全で、昼食は近くの日本食レストランから取り寄せるため、食事面が心配な年配者の満足度も高いです。授業も、希望に合ったマンツーマン授業を中心に行われます。費用は割高でも、グレードの高い生活環境のなかで学習に集中したい方に最適な学校といえます。

◆学校の特徴

・高級コンドミニアムを校舎、寮として使用
・最大1日8時間のマンツーマン授業
・日本人スタッフ常駐で細やかな心配り

◆主なコース

・一般英語コース（1:1授業6時間、8時間）
・ビジネス英語コース
・TOEIC コース
・TOEFL コース

◆費用目安

※一般英語コース、4週間、2人部屋費用例

US1,850ドル

※1:1授業が6時間

◆教育スタイル

フィリピン留学の最大のメリットであるマンツーマン授業を1日あたり、一般英語コースで6時間、集中英語コースで8時間提供。担任制を採用しているため、学生が担任に相談しながら、自分に合った授業内容に変更することも可能。自由な校風で門限もなく、大人の方でもストレスなく留学生活を送ることができる。

■一般英語コース

時間	時限数	内容
7:10～7:50	-	朝食
8:00～8:50	1時限目	1:1授業（スピーキング）
9:00～9:50	2時限目	1:1授業（リーディング）
10:00～10:50	3時限目	1:1授業（ライティング）
11:00～11:50	4時限目	1:1授業（リスニング）
12:00～13:00	-	昼食
12:40～13:30	5時限目	1:1授業（文法）
13:40～14:30	6時限目	1:1授業（スピーキング）
14:40～15:30	7時限目	グループ授業（プレゼンテーション）
15:40～16:30	8時限目	グループ授業（ディスカッション）
16:30～	-	自由時間
18:00～20:00	-	夕食（希望者のみ提供）

※平日は朝食・昼食を提供（ラベル英会話コースは朝食のみ）。
※土日祝日に関しては朝食のみの提供になり、昼食、夕食は各自（外食、同じ施設内のレストランなど）。
※夕食を希望の方は、事前相談で用意が可能。（1,250ペソ/週）

◆校内設備＆食事について

《学校》
展望レストラン、テラス、売店、大型ジム、バーカウンター、ウォーターサーバー、Wi-Fiなど
《寮》
温水シャワー/トイレ、洗面台、ベッド、机・椅子、収納棚、テレビ、エアコン、冷蔵庫、自炊可能キッチン、各部屋にWi-Fiモデム設置など
《食事》
夕食はオプションとなり展望レストランで食べることが可能。昼食は日本食レストランからケータリング。ご飯、鶏のから揚げ、肉じゃが、味噌汁など

学校スタッフのオススメ理由

日本人スタッフが常に学生のケアをしており、日常生活や学習方法の相談、週末のアクティビティの相談まで、気軽に話しかけていただけるような環境作りを心掛けています。学生は大人の方が多く、さまざまな社会経験を持った方々との出会いも楽しみのひとつです。

SMEAG GLOBAL EDUCATION

エスエムイー・エージー グローバル エデュケーション
キャピタルキャンパス／クラシックキャンパス／スパルタキャンパス

所在地	キャピタルキャンパス E.Osmena. Corner, Bataan St., Guadalupe, Cebu City, Philippines クラシックキャンパス 2815, S. Cabahug St. Corner, F. Gochan St., Mabolo, Cebu City, Philippines スパルタキャンパス Minoza ST., Brgy, Tigbao., Talamban, Cebu City, Philippines
学校公式ウェブサイト	http://smenglish.com/jp/　　http://smeag.jp/
開講年度	2006年
日系／韓国系	日韓共同
生徒定員	約1,000名
日本人割合	30%
日本語スタッフの有無	キャピタルキャンパス 在籍（正社員：2名／学生スタッフ：1名） クラシックキャンパス 在籍（正社員：1名／学生スタッフ：1名） スパルタキャンパス 在籍（正社員：1名／学生スタッフ：1名）

各種試験の会場でもある
3つのキャンパスを持つ大規模校

3つのキャンパスを持ち、目的に応じてキャンパスが異なる大規模校です。留学中はキャンパスを移動することも可能なため、気分転換することもできます。校内にはスポーツジムやカフェ、学生ラウンジなど、生活に必要なモノがそろっており他校と比べても充実度が高いです。各種英語試験のテストセンターになっていることもあり、特にTOEICやIELTSなどの資格の高得点を狙う学生に人気があります。

◆学校の特徴

・フィリピン留学最大規模の語学学校
・フィリピン留学No.1のコース設定数
・フィリピン留学No.1の多国籍留学者受け入れ校

◆主なコース

全キャンパス共通

- 一般英語コース（1:1授業4時間、6時間）
- ビジネス英語コース
- IELTS コース
- TOEIC コース
- TOEFL コース
- ケンブリッジ英検コース

◆費用目安

※一般英語コース、4週間、2人部屋費用例

182,800円

※1:1授業が6時間

◆教育スタイル

一般英会話・ビジネス英語・各種英語検定試験対策など目的に合ったコース選びが可能。ブリティッシュカウンシル・ETSなどの海外教育機関および欧米の大学などと連携し、コース別に専任講師による質の高いレッスンを提供。マンツーマン授業は1日3～8時間、グループレッスンも併せると1日10時間以上のレッスンで短期間での英語力UPが期待できる。

■一般英語コース（ESL2）

時間	時限数	内容
6:40～8:00	-	早朝スパルタクラス
8:00～8:40	-	朝食
8:40～9:25	1時限目	1:1授業（スピーキング&リスニングA）
9:30～10:15	2時限目	1:1授業（スピーキング&リスニングB）
10:25～11:10	3時限目	スペシャルクラス（発音&アクセントA）
11:15～12:00	4時限目	スペシャルクラス（発音&アクセントB）
12:00～13:00	-	昼食
13:00～13:45	5時限目	1:1授業（リーディング&ライティングA）
13:50～14:35	6時限目	1:1授業（リーディング&ライティングB）
14:45～15:30	7時限目	スペシャルクラス（音楽A）
15:35～16:20	8時限目	スペシャルクラス（音楽B）
16:30～17:15	9時限目	1:1授業（パターン英語A）
17:20～18:05	10時限目	1:1授業（パターン英語B）
18:05～19:00	-	夕食
19:00～19:45	-	夜間スパルタクラス
19:50～20:35	-	夜間スパルタクラス
20:35～	-	自由時間/自習時間

※1コマ45分授業です。1科目90分授業の間に5分間の休憩をはさみ、前半Aと後半Bで45分ずつ授業を行います。
※早朝スパルタ授業のみ、休憩なしの80分授業です。

◆校内設備＆食事について

≪学校≫
食堂、売店、自習室、インターネットルーム、シアタールーム、カフェ、マッサージショップ、キッズルーム、医務介護室、屋外休憩所、ジム設備、講堂、プール、バスケットコート、バドミントンコート、卓球台、ウォーターサーバー（フロアごと）、Wi-Fiなど

≪寮≫
温水シャワー/トイレ、洗面台、ベッド、机・椅子、エアコン、収納棚、冷蔵庫など

≪食事≫
日本食系のメニュー例：親子丼、味噌汁、湯豆腐、揚げなす、サラダ、漬物など

学校スタッフのオススメ理由

学習面・生活面としっかりとサポートし、英語学習に集中していただける環境を整えています。帰国される際に、「英語力が上がった」、「英会話に自信がついた」、「SMEAG を選んでよかった」といっていただけるように日々精進しています。

Bayside English Cebu

ベイサイド・イングリッシュ・セブ　RPC キャンパス／Premium キャンパス

所在地	RPC キャンパス／Agus, Lapu-Lapu City 6015 Cebu, Philippines Premium キャンパス／Punta Engaño, Lapu-Lapu City 6015 Cebu, Philippines
学校公式ウェブサイト	http://www.bayside-english.com/
開講年度	2005年
日系／韓国系	日系
生徒定員	RPC キャンパス 約250名／Premium キャンパス 約50名
日本人割合	60～90%
日本語スタッフの有無	RPC キャンパス 在籍（正社員：5名　学生スタッフ：2名） Premium キャンパス 在籍（正社員：1名）

学校の目の前に広がる海！
リゾート感漂う大人のキャンパス

セブのリゾート地区のマクタン島にキャンパスを2つ構え、セブの海と緑に囲まれた環境が魅力です。プレミアムキャンパスは学校内ロビーでの酒類販売も行うという他校にはない特徴もあります。ジュニア・シニア・親子留学の客層が多く、幅広い年代層の方が学習しています。少人数制なのでゆったりと学習することができます。料金は比較的安価なため、費用重視で学校を探している方に最適です。

◆学校の特徴

RPC キャンパス

・色鮮やかな南国の花が咲く広大なキャンパス
・インターナショナルスクール併設校
・講師が同じ敷地に滞在し、24時間英語漬け

Premium キャンパス

・元リゾートホテルを改装し、海まで20秒
・日本食レストラン8年経験のあるシェフ常駐
・オーシャンビューのスイートルームあり

◆主なコース

・一般英語コース（1:1授業3時間、5時間、6時間、8時間）
・TOEIC コース　・ビジネス英語コース
・ジュニアコース　・ベビーシッターサービス

◆費用目安

※一般英語コース、4週間、2人部屋費用例

138,000円 ※RPC キャンパス　※1:1授業が5時間

◆教育スタイル

1日最大12時間のマンツーマンレッスンをカスタマイズでき、苦手な教科をメインに効率的な学習も可能。授業で学んだことを毎週末の小テストで復習し、4週間ごとのレベルテストで自分のレベルを確認できるため、短期・長期留学でも確実に英語力が身につくのを実感できる。RPCキャンパスでは講師が敷地内に滞在し、24時間生きた英語を学ぶことが可能。

■一般英語コース（ジェネラル）

時間	時限数	内容
8:00～9:00	-	朝食
9:00～9:50	1時限目	1:1授業（スピーキング）
10:00～10:50	2時限目	グループ授業
11:00～11:50	3時限目	自由時間
12:00～12:50	-	昼食
13:00～13:50	4時限目	1:1授業（ライティング）
14:00～14:50	5時限目	1:1授業（文法）
15:00～15:50	6時限目	1:1授業（リーディング）
16:00～16:50	7時限目	自由時間
17:00～17:50	8時限目	1:1授業（リスニング）
18:00～19:00	-	夕食
19:00～20:00	-	フリークラス（ディスカッション）
20:00～	-	自由時間/自習時間

◆校内設備＆食事について

≪学校≫
教室、ダイニング、売店、図書室、自習室、プレイルーム、休憩所、グラウンド、スイミングプール、バスケットコート、ウェイトトレーニング器具、卓球台、ビリヤード台、ウォーターサーバー、Wi-Fiなど
≪寮≫
温水シャワー/トイレ、洗面台、ベッド、机・椅子、エアコン、扇風機、収納棚、冷蔵庫など
≪食事≫
日本食系メニュー例：ご飯、豚の生姜焼き、なすベーコン、サラダ、味噌汁など

学校スタッフのオススメ理由

南国の緑あふれる広大なRPCキャンパスは、インターナショナルスクールや講師寮が併設され、24時間英語漬けが可能です。プレミアムキャンパスは、20歳以上限定で少人数制のキャンパスとなり、さまざまなジャンルで活躍されている方と知り合えるのも特徴です。

3D ACADEMY（3D）

スリーディー・アカデミー

所在地	2F La Nivel Hotel, JY Square, Lahug, Cebu City, Philippines
学校公式ウェブサイト	http://3d-universal.com/
開講年度	2002年
日系／韓国系	日系
生徒定員	約120名
日本人割合	50～80%
日本語スタッフの有無	在籍（正社員：2名　学生スタッフ：2名）

マンツーマン授業中心で
きめ細やかなサポート体制

セブ島で2番目に古く10年以上の歴史がある学校です。講師は厳しい選考をパスした優秀なフィリピン人講師がそろっています。韓国人経営者から引き継ぎ、現在は日本人経営校として運営しています。質の高いカリキュラムを維持しつつ、学生１人に対して講師３名が担当者として学習管理を行います。日本人好みのサポート体制を求める方には最適でしょう。台湾人学生の在籍率が高いのは、他校にない特徴かもしれません。

◆学校の特徴

・1人ひとりのニーズに合わせたカリキュラム
・セブシティの中心地に位置する好立地
・オンライン英会話で卒業後も継続学習が可能

◆主なコース

・一般英語コース（1:1授業4時間、5時間、6時間、7時間）
・TOEICコース　・TOEFLコース
・IELTSコース　・ビジネス英語コース
・親子留学コース

◆費用目安

※一般英語コース、4週間、2人部屋費用例

145,000円

※1:1授業が5時間

◆教育スタイル

従来の語学学習方法の「知識の習得→練習」ではなく、「練習→知識の習得」というネイティブ式の学習メソッドを提供。マンツーマンというスタイルを最大限に活かすべくシチュエーションごとの会話学習をメインに、日常会話やフォーマル会話など状況に応じたアウトプットを徹底的に行う。授業内容は各自の目的に沿ってアレンジできるため、より効率よく学習できる。

■一般英語コース（ESL）

時間	時限数	内容
7:00～8:00	-	朝食
8:00～8:50	1時限目	1:1授業（スピーキング）
9:00～9:50	2時限目	1:5授業（スピーチ練習）
10:00～10:50	3時限目	1:1授業（スピーキング）
11:00～11:50	4時限目	オプションクラス（ダンス）
12:00～13:00	-	昼食
13:00～13:50	5時限目	1:1授業（スピーキング）
14:00～14:50	6時限目	1:5授業（映画）
15:00～15:50	7時限目	1:6授業（ネイティブコミュニケーション）
16:00～16:50	8時限目	1:1授業（スピーキング）
17:00～17:50	9時限目	オプションクラス（ディスカッション）
18:00～19:00	-	夕食
19:00～	-	自由時間 / 自習時間
20:00～22:00	-	無料グループ授業（アクティビティ）

※オプションクラスは自由時間のときに参加可能です。

◆校内設備＆食事について

≪学校≫
食堂、自習室、共有パソコン、クリニック、ジム、プール、卓球台、サッカーゲーム、ウォーターサーバー、Wi-Fiなど

≪寮≫
温水シャワー/トイレ、洗面台、収納棚、ベッド、机・椅子、テレビ、冷蔵庫、エアコン、扇風機など

≪食事≫
日本食系メニュー例：ご飯、わかめと豆腐の味噌汁、豚肉の生姜焼き、おひたし、なすの炒め物など

学校スタッフのオススメ理由

英語力の向上には生活に密着した日々の継続が一番重要になります。3Dは立地、環境的にも快適で、なにより明るくて前向きな学生や先生たちが作り出す雰囲気がいいです。英語力の向上だけではなく卒業してから先も英語を使い続けていくビジョンを提供しています。

エリア
セブ

TARGET Global English Academy

ターゲット・グローバル・イングリッシュ・アカデミー

所在地	#8 St Michel Rd., Banilad, Cebu City, Philippines
学校公式ウェブサイト	http://www.target-english.org/
開講年度	2013年
日系／韓国系	日系
生徒定員	約90名
日本人割合	90～100%
日本語スタッフの有無	在籍（正社員：4名　学生スタッフ：3名）

土日祝日も追加授業が可能
アットホームな雰囲気が◎

日本人経営校であり、日本人が苦手な会話力を効率よく伸ばす、会話力アップに特化した学校です。経験豊かな講師陣は学生との距離が近く、楽しく授業を進めていきます。土日祝日にも授業を追加でき、集中して英語を身につけたい人にオススメです。学生寮は内部寮と外部ホテル寮があり、生活面でも日本人の求めるサービス提供で安心。日本人経営校の中では年間を通じて満席率が高く、知名度の高い学校です。

◆学校の特徴

・マンツーマンによる豊富な集中授業
・スピーキング力を効率的にアップ
・日本人スタッフによる手厚い学習&生活サポート

◆主なコース

・一般英語コース（1:1授業5時間、6時間、8時間）
・スピーキングマスターコース

◆費用目安

※一般英語コース、4週間、2人部屋費用例

US1,440ドル

※1：1授業が5時間

◆教育スタイル

マンツーマン主体のレッスンで、真剣に勉強したいという希望にとことん応える。TOEIC900点超えの日本人教育スタッフが、日本人に合ったカリキュラムを作成、講師トレーニングも担当し、さらには勉強方法などの個別相談にも日本語で対応するなど教育面においてもしっかりサポートする。

■一般英語コース（TARGET 5）

時間	時限数	内容
7:00〜7:45	-	朝食
8:00〜8:50	1時限目	1:1授業（リスニング）
9:00〜9:50	2時限目	1:1授業（スピーキング）
10:00〜10:50	3時限目	1:4授業（語彙）
11:00〜11:50	4時限目	1:1授業（ライティング）
12:00〜12:45	-	昼食
13:00〜13:50	5時限目	1:1授業（リーディング）
14:00〜14:50	6時限目	1:1授業（文法）
15:00〜15:50	7時限目	自習時間
16:00〜16:50	8時限目	1:8授業（発音）
18:00〜18:45	-	夕食
19:00〜21:00	-	ナイトクラス
21:00〜23:00	-	ハッピーサークル

◆校内設備&食事について

≪学校≫
食堂、売店、自習室（24時間利用可）、医務室、屋外休憩所、スポーツジム、ウォーターサーバー（フロアごと）、Wi-Fiなど

≪寮≫
温水シャワー/トイレ、洗面台、ベッド、机・椅子、スタンドライト、ヘアドライヤー、エアコン、冷蔵庫など

≪食事≫
日本食系メニュー例：照り焼きチキン、野菜サラダ、味噌汁、ご飯、フルーツなど

学校スタッフのオススメ理由

生活面はもちろん、最大の目的である学習面まで日本人スタッフがしっかりサポートできるのが当校の大きな魅力です。講師とのマッチング、初級者ならではの悩み、レッスンの効率的な受け方などもお任せください。皆さんのやる気をとことんサポートします。

English Fella

イングリッシュ・フェッラ
1キャンパス（リゾート型）／2キャンパス（スパルタ型）

所在地	1キャンパス English Fella, Sitio Highway11, Brgy Talamban, Cebu City, 6000, Philippines 2キャンパス English Fella, Tigbao Brgy Talamban, Cebu City, 6000, Philippines
学校公式ウェブサイト	http://www.englishfella.com/jp/
開講年度	2006年
日系／韓国系	韓国系
生徒定員	1キャンパス 約120名／2キャンパス 約260名
日本人割合	40%
日本語スタッフの有無	在籍（正社員：3名　学生スタッフ：2名）

リゾート型とスパルタ型
2つの広大なキャンパスを持つ

2つのキャンパスがあり、開放的な敷地を持つ学校です。生活ルールの異なるリゾート型とスパルタ型があり、留学生の学習スタイルに合わせて選択ができるのが魅力。コースの数が豊富なため、幅広い学習が可能です。広大なキャンパス内には最新設備が整い、快適な学習環境といえます。韓国資本ながら、両キャンパスに日本人スタッフが複数名在籍しているため、留学初心者でも安心して生活することができます。

◆学校の特徴

・「？」が「！」に変わる、クリアな授業
・ランニングできるほど広いキャンパス
・40%が英語初心者。初心者向けコース多数

◆主なコース

1キャンパス

・一般英語コース（1:1授業4時間、6時間）

2キャンパス

・一般英語コース（1:1授業4時間、5時間）

両キャンパス共通

・TOEIC＋ESLコース（TOEICハーフタイム）
・TOEIC実践コース（TOEICフルタイム）
・TOEFL＋ESLコース（TOEFLハーフタイム）
・TOEFL実践コース（TOEFLフルタイム）
・IELTS＋ESLコース（IELTSハーフタイム）
・IELTS実践コース（IELTSフルタイム）
・IELTS点数保証コース
・ビジネス英語コース
・上級アカデミック英語コース
・親子留学ジュニアコース
・親子留学保護者コース

◆教育スタイル

講師は全員、文法専門、スピーキング専門と教科ごとに分かれているので、その道に精通した講師の授業を受講することが可能。平日外出OKの1キャンパス、毎日みっちり英語漬けになれる2キャンパスの好きな方を選べる。まじめにしっかりと学ぶ学生に応える教育スタイル。

◆費用目安

※一般英語コース、4週間、2人部屋費用例

US1,600ドル　※1:1授業が4時間

■一般英語コース（ESL4）

時間	時限数	内容
6:00～7:00	-	起床
7:00～8:00	-	朝食
8:00～8:50	1時限目	1:1授業（リーディング）
9:00～9:50	2時限目	1:4グループ授業（リーディング&文法）
10:00～10:50	3時限目	1:4グループ授業（スピーキング&リスニング）
11:00～11:50	4時限目	1:1授業（リスニング）
12:00～13:00	-	昼食
13:00～13:50	5時限目	1:8グループ授業（ネイティブ&パターン英語）
14:00～14:50	6時限目	1:1授業（文法）
15:00～15:50	7時限目	自習時間 / 休憩時間
16:00～16:50	8時限目	1:1授業（スピーキング）
17:00～17:50	9時限目	オープンクラス（語彙）
18:00～19:00	-	夕食
19:00～22:00	-	自由時間 / 自習時間

◆校内設備＆食事について

≪学校≫

食堂、売店、24時間利用可能な自習室、テストルーム、大会議室、シネマルーム（1キャンパスのみ）、クリニック、ガードハウス、ジム、プール、バスケットコート、バドミントンコート、卓球台、洗濯機、ウォーターサーバー、Wi-Fiなど

≪寮≫

温水シャワー/トイレ、洗面台、ベッド、机・椅子、エアコン、テレビ、冷蔵庫、収納棚、靴箱など

≪食事≫

日本食系のメニュー例：チキンカツとマスタードソース、油揚げと豆腐の味噌汁、フライドポテト、サラダなど

学校スタッフのオススメ理由

English Fellaの強みは「講師の質」、これに尽きます。採用段階で厳選された講師は専門分野に分けられ、約1カ月の研修後、講師デビュー。毎月1回のテスト、毎月2回の研修を義務づけられ、日々さらなる実力の向上に励んでいます。

エリア
セブ

Cebu International Academy（CIA）

セブ・インターナショナル・アカデミー

所在地	A.S. Fortuna St., Bakilid, Mandaue City, Cebu, Philippines
学校公式ウェブサイト	http://cebucia.jp/
開講年度	2003年
日系／韓国系	韓国系
生徒定員	約270名
日本人割合	30～40%
日本語スタッフの有無	在籍（正社員：2名　学生スタッフ：1名）

1日10時間のカリキュラムも可
若い世代が多く活気がある

セミスパルタ式の学校で、厳しい環境重視の学生向けです。1日10時間の勉強時間やバラエティー豊かな選択授業があるため、幅広い学生ニーズに対応しています。特に若い世代が多く、校内は和気あいあいとした雰囲気なので20代前半の方には最適といえます。学生寮は、内部寮に加え2つの外部ホテル寮を用意しており、宿泊施設の選択肢が他校よりも多いのも特徴のひとつです。ショッピングモールも目の前にあります。

◆学校の特徴

・きれいな施設と立地のよいロケーション
・長い歴史とベテラン講師陣
・バランスの取れた国籍比率で、自然に英語が使える環境

◆主なコース

・一般英語コース（1:1授業4時間、5時間、6時間）
・ビジネス英語コース　・ワーキングホリデーコース
・TOEICコース　・TOEIC点数保証コース
・IELTSコース　・IELTS点数保証コース

◆費用目安

※一般英語コース、4週間、2人部屋費用例

US1,600ドル　※1:1授業が5時間

◆教育スタイル

授業は1コマ50分、1日10コマの授業形式を取り入れ、多様なカリキュラムの中から選択可能。マンツーマン授業では、必要な部分にポイントをあてた授業が可能で、基礎学力を最大限引き上げる。討論授業を行う小グループ授業やネイティブ講師の授業、リスニング向上プログラム授業なども好評。

■一般英語コース（レギュラーESL）

時間	時限数	内容
6:30～8:00	-	朝食
7:20～8:20	-	テスト
8:30～9:20	1時限目	1:1授業（スピーキング）
9:25～10:15	2時限目	自習時間（ライティング）
10:20～11:10	3時限目	1:1授業（ライティング）
11:15～12:05	4時限目	グループ授業（小）（スピーキング）
12:05～13:05	-	昼食
13:05～13:55	5時限目	グループ授業（中）（ネイティブ or CNN）
14:00～14:50	6時限目	1:1授業（リスニング）
14:55～15:45	7時限目	グループ授業（小）（文法）
15:50～16:40	8時限目	1:1授業（リーディング）
16:45～17:35	9時限目	自由時間
17:40～18:30	10時限目	グループ授業（大）（アクティビティ）
18:30～19:20	-	夕食
19:20～22:00	-	自由時間

※授業と授業の間の休憩時間は5分となります。
※ライティングの自習は必須です。自習時間内に書いたエッセイは翌日のマンツーマン授業で添削してもらいます。（初級100～150単語使用、中級150～200単語使用）

◆校内設備&食事について

≪学校≫
食堂、自習室、売店、プール、ジム、バスケットコート、バドミントンコート、野外テラス、ウォーターサーバー、Wi-Fiなど
≪寮≫
温水シャワー/トイレ、洗面台、ベッド、机・椅子、エアコン、扇風機、鍵付き収納棚、冷蔵庫、本棚など
≪食事≫
食事は、韓国食、和食、台湾食をメニューごとにバランスよくミックス。カレーやビビンバ、サムギョプサルなど

学校スタッフのオススメ理由

CIAの魅力は、バランスの取れた学生配分です。韓国、日本、台湾、ベトナム、中東の国などさまざまな国から学生が集まってくるため、英語でのコミュニケーションが必要不可欠です。また、CIAの多様なアクティビティを通して、楽しく英語に打ち込むことができるはずです。

QQ English

キューキュー イングリッシュ　IT Park キャンパス／ Sea Front キャンパス

所在地	IT Parkキャンパス 7th Floor Skyrise4, Cebu IT Park, Apas Cebu City, Philippines Sea Frontキャンパス Looc Maribago Lapu-Lapu City, Cebu, Philippines
学校公式ウェブサイト	http://qqenglish.jp/
開講年度	IT Park キャンパス 2011年／Sea Front キャンパス 2015年
日系／韓国系	日系
生徒定員	IT Parkキャンパス 約270名／Sea Front キャンパス 約270名
日本人割合	50～60%
日本語スタッフの有無	在籍（正社員：15名　学生スタッフ：15名）

スピーキングにとにかく強い 限られた時間で会話力アップ

タイプの異なる2つのキャンパスを構えています。IT Park キャンパスはセブの繁華街にあるため生活に便利。一方Sea Front キャンパスは開放的な環境で勉強したいという方にオススメです。日本人経営校の中では歴史も長く、教育面や生活面での安心度も高いです。特に日本人が苦手とするスピーキングに特化しているため、会話力を高めたい人に最適です。講師全員が有資格のため、講師の質の高さにも安定感があります。

◆学校の特徴

・最短1日からの留学可能
・イギリス発祥・カランメソッド
・オンラインとの連携学習

◆主なコース

・一般英語コース（1:1授業6時間、8時間、10時間）
・超基本英会話コース
・TOEICコース
・IELTSコース
・ビジネス英語・プレゼンコース
・カランメソッドコース
※授業の内容を選択することができます。

◆費用目安

※一般英語コース、4週間、2人部屋費用例

149,800円 ※1:1授業が6時間

◆教育スタイル

講師の質にこだわっているため、講師全員への国際英語教授資格TESOL取得を義務づけ、定期的なトレーニングを行うことによって講師の質の保持に努めています。どの留学プランでも教育に対して高い意識と情熱を持ったプロフェッショナルな講師が担当し、英語力向上を全力でサポート。

■一般英語コース（スタンダード IT Park キャンパス）

時間	時限数	内容
7:30〜8:00	-	朝食
8:00〜8:30	1時限目	1:1授業（スピーキング）
9:00〜9:50	2時限目	1:1授業（ライティング）
10:00〜10:50	3時限目	1:1授業（リスニング）
11:00〜11:50	4時限目	1:1授業（ビジネス&プレゼンテーション）
12:00〜12:50	-	昼食
13:00〜13:50	5時限目	グループ授業（ディスカッション）
14:00〜14:50	6時限目	グループ授業（語彙）
15:00〜15:50	7時限目	1:1授業（TOEIC）
16:00〜16:50	8時限目	1:1授業（カランメソッド）
17:00〜17:50	-	自由時間
18:00〜18:50	-	夕食
19:00〜19:50	-	夜間特別グループクラス（ディクテーション）
20:00〜20:50	-	夜間特別グループクラス（スピーキング）
20:50〜	-	自由時間 / 自習時間

◆校内設備&食事について

≪学校≫IT Park キャンパス、Sea Front キャンパス
食堂、売店、自習室、インターネットルーム、医務介護室、ウォーターサーバー、Wi-Fiなど
≪寮≫IT Park キャンパス、Sea Front キャンパス
温水シャワー/トイレ、洗面台、ベッド、机・椅子、スタンドライト、エアコン、収納棚、Wi-Fi、冷蔵庫、キッチンなど
≪食事≫
日本食系のメニュー例:ご飯、豚の生姜焼き、ジャーマンポテト、味噌汁、カレーライス、豚キムチ、肉じゃが、チキン照り焼き、インゲンの胡麻和え、マカロニサラダ、シチュー、イカ大根、海藻サラダ、春雨サラダ、フルーツなど

学校スタッフのオススメ理由

QQ イングリッシュは、日本人が快適に効率よく英語を学習できる環境を常に追求しています。質の高い講師陣と共に、スタッフが本気で英語力を伸ばしたい方のサポートをしています。世界各地から集まる多国籍の学生と英語を本気で勉強してください！

C2 English Academy

シーツー・イングリッシュ・アカデミー

所在地	Pacific Square Building C, F. Cabahug St. Mabolo, Cebu City, Philippines
学校公式ウェブサイト	http://c2english.com/
開講年度	2013年
日系／韓国系	日系
生徒定員	約50名
日本人割合	90%
日本語スタッフの有無	在籍（正社員：2名　学生スタッフ：2名）

勉強熱心な学生が多く在籍
集中できる環境が整っている

土曜日にも授業があり、滞在期間を無駄なく有効に過ごせるところが最大の特徴といえます。現在は日本人がオーナーですが、もともとは教師が立ち上げた学校で、講師は3年以上のベテラン講師が在籍しているため安心です。留学期間を最大限使って、徹底的に勉強ができるのは短期の留学生にとってもありがたいでしょう。夜中や早朝でも常に自習室で誰かしらが勉強しているという、熱心な学生が集まっている環境です。

◆学校の特徴

・会話力アップ重視のカリキュラム
・他校には珍しい土曜日も授業を提供
・1日最大10コマのマンツーマン

◆主なコース

・一般英語コース（1:1授業5時間、6時間、8時間、10時間）
・TOEICコース
・IELTSコース
・TOEFLコース
・ビジネス英語コース

◆費用目安

※一般英語コース、4週間、2人部屋費用例

160,000円　※1:1授業が5時間

◆教育スタイル

マンツーマン授業が最大10コマ取れる、英語のシャワーを徹底的に浴びることができる学校です。土曜日もマンツーマン授業を8コマ受講できるコースあり。また、全コース土曜日にも授業を提供しています。1人ひとりのニーズに合ったレッスンを提供。最短で英語力を「本気」で伸ばしたい方にオススメの学校です。韓国資本校のスパルタ式を超える濃密な時間を過ごせます。

■一般英語コース（ESL5）

時間	時限数	内容
7:00～7:45	-	早朝オプションクラス
7:00～8:00	-	朝食
8:00～8:45	1時限目	1:1授業（リーディング）
8:50～9:35	2時限目	1:1授業（リーディング）
9:40～10:25	3時限目	グループ授業（会話）
10:30～11:15	4時限目	自習
11:20～12:05	5時限目	1:1授業（語彙）
12:05～12:55	-	昼食
13:00～13:45	6時限目	1:1授業（ライティング）
13:50～14:35	7時限目	自習
14:40～15:25	8時限目	グループ授業（発音矯正）
15:30～16:15	9時限目	1:1授業（スピーキング）
16:20～17:05	10時限目	自習
17:10～17:55	-	夕食
18:00～18:45	-	夜間オプションクラス
18:50～22:00	-	自由/自習時間
22:00～22:20	-	単語テスト
23:00～	-	就寝

※1コマ45分授業です。授業と授業の間の休憩時間は5分となります。

◆校内設備＆食事について

≪学校≫
食堂、自習室、図書室、休憩室、保健室、ジム（有料：月2,000ペソ）、共用パソコン、ウォーターサーバー、Wi-Fiなど

≪寮≫
温水シャワー/トイレ、洗面台、ベッド、机・椅子、エアコン、収納棚、冷蔵庫など

≪食事≫
日本食系のメニュー例：ご飯、鶏肉の煮物、スペアリブ、野菜炒め、味噌汁など

学校スタッフのオススメ理由

学生さんが思いっきり勉強できる環境作りに努めると共に、1人ひとりの目標に合ったレッスンを提供しています。またとてもアットホームな学校ですので、新入生もすぐに溶け込めます。セブに住んでいる日本人スタッフもいます。

CIJ Academy

シー・アイ・ジェー・アカデミー
クラシックセンター／スパルタセンター

所在地	クラシックセンター Tancor3 Residential Suites, Abad Santos St., Vilia Aurora Village, Kasambagan, Mabolo Cebu City, Philippines スパルタセンター 08-302 Purok Mabini, Pablacion, liloan, Cebu City 6000, Philippines
学校公式ウェブサイト	http://www.cebu-cij.com/
開講年度	2003年
日系／韓国系	韓国系
生徒定員	クラシックセンター 約100名 スパルタセンター 約70名
日本人割合	クラシックセンター 30〜50% スパルタセンター 10〜30%
日本語スタッフの有無	クラシックセンター 在籍（正社員：1名　学生スタッフ：1名） スパルタセンター 在籍（学生スタッフ：1名）

校内では母国語禁止ルールあり 24時間英語漬けの環境

2つのキャンパスを持ち、目的により選ぶことができます。学校内に母国語禁止ルールを設け、24時間英語を話さなくてはならない環境というのもよい点です。毎日のネイティブ講師の授業に加え、2週間に1回TOEIC模擬テスト開催、ワーホリ向けコースも開講し、英文履歴書、面接対策など就職に役立つ内容を学習できるなど、充実の授業内容です。施設面は非常に高クオリティなので、施設面を重視する方にも最適です。

◆学校の特徴

クラシックセンター

・フィリピンでトップレベルの学院設備
・1日最大6時間のマンツーマン授業
・セブエリアの中心部にあり立地条件が抜群

スパルタセンター

・海と星の見える最新リゾート施設
・スパルタ式の授業、1日2回テストを実施
・1日最大12時間の授業

◆主なコース

・一般英語コース（1：1授業4時間、5時間、6時間）
・TOEICコース　・ワーキングホリデーコース
・ネイティブコース

◆教育スタイル

▼クラシックセンター

全てのコースに必須授業としてつくネイティブ講師の授業では、多様な討論や発表授業で、さまざまな英語表現と正確な発音を重点的に学ぶことが可能。スピーキングの強化、TOEIC、ワーキングホリデーなど目的に合わせた多彩なコースも魅力。

▼スパルタセンター

1日11～12時間の授業、朝と夜のテストは効果的に英語力の向上を目指す。授業は屋内だけでなく、屋外の開放的な環境でも学習が行える。

◆費用目安

※一般英語コース、4週間、2人部屋費用例

US1,450ドル　※1:1授業が6時間　※クラシックセンター

■一般英語コース（ベーシックスピーキング）

時間	時限数	内容
7:00～7:50	-	朝食
8:00～8:50	1時限目	1:1授業（ライティング）
8:55～9:45	2時限目	1:1授業（リーディング）
9:50～10:40	3時限目	1:1授業（スピーキング）
10:45～11:35	4時限目	1:1授業（スピーキング）
11:40～12:30	5時限目	ネイティブ1:6授業（発音/CNN/ディベート）
12:30～13:30	-	昼食
13:30～14:20	6時限目	グループ1:4授業
14:25～15:15	7時限目	グループ1:4授業
15:20～16:10	8時限目	単語クラスA（オプション）
16:15～17:05	9時限目	単語クラスB（オプション）
17:10～18:00	10時限目	無料クラス
18:00～19:00	-	夕食
19:00～	-	自由時間/自習時間

※授業と授業の間の休憩時間は5分となります。

◆校内設備＆食事について

≪学校≫

▼クラシックセンター

食堂、自習室、講堂、ジム、プール、卓球台、サウナ、ダンスホール（ヨガ、ズンバクラス）、Wi-Fiなど

▼スパルタセンター

食堂、自習室、講堂、ジム、プール（2面）、卓球台、サッカー、ゴルフ練習場、売店、Wi-Fiなど

≪寮≫

▼クラシックセンター、スパルタセンター

温水シャワー/トイレ、洗面台、机・椅子、ベッド、エアコン、冷蔵庫、収納棚など

≪食事≫

日本食系のメニュー：ご飯、カツ丼、野菜炒め、キムチ、味噌汁、フルーツなど

学校スタッフのオススメ理由

▼クラシックセンター

クラシックセンターは厳選された熟練の講師陣によるマンツーマン授業に特化しており、最長で6時間受講が可能。セブ島の高級ビレッジ街に位置しているためアクセスもよく、治安面も良好です。

▼スパルタセンター

スパルタセンターは清潔な校舎と快適な設備を用意。また海が近く波の音や風を感じることができる環境は勉強のストレスを和らげてくれます。都会の誘惑から離れ落ち着いて勉強したい方にオススメです。

HELP English Institute Clark Campus

ヘルプ・イングリッシュ・インスティテュート クラークキャンパス

所在地	5272 along C.M Recto Highway, Clark Freeport Zone, Pampangay, Philippines
学校公式ウェブサイト	なし
開講年度	2011年
日系／韓国系	韓国系
生徒定員	約260名
日本人割合	40～50%
日本語スタッフの有無	在籍（正社員：1名　学生スタッフ：2名）

フィリピン留学で最も歴史ある
バランスの取れたスクール

フィリピン留学業界で最も歴史が長い古株で、業界内での信頼と評価も高い学校です。学生寮は講師と同室のプランがあり、寝る寸前まで英語環境で生活できるというのもおもしろい点です。クラーク校は日本人向けにセミスパルタ校として作られた学校ですが、バギオにも2つのキャンパスを持ち、目的に応じて転校することもできます。中長期で腰を据えて学んでいる学生が多いのも特徴のひとつです。

◆学校の特徴

・1日5～8コマのマンツーマン授業
・滞在スタイルには講師と同室プランあり
・毎日のシャドーイングでリスニング力向上

◆主なコース

・一般英語コース（1:1授業5時間、6時間、8時間）
・TOEICコース
・ビジネス英語コース
・ネイティブコース
・ライトコース

◆費用目安

※一般英語コース、4週間、2人部屋費用例

149,000円　※1:1授業が5時間

◆教育スタイル

豊富なマンツーマン授業でスピーキングに特化した内容を提供し、授業内容は目標や弱点に合わせて自由にアレンジが可能。毎日行われるシャドーイングプログラムでは日々のトレーニングによりリスニング力はもちろん発音も鍛えることができる。土曜日にも追加のマンツーマン授業が可能。

■一般英語コース（ESL6）

時間	時限数	内容
7:00～8:00	-	朝食
7:00～7:30	-	リスニングクラス
8:00～8:50	1時限目	1:1授業（スピーキング）
9:00～9:50	2時限目	1:1授業（ライティング）
10:00～10:50	3時限目	自習時間 / 休憩時間
11:00～11:50	4時限目	1:1授業（リスニング）
12:00～13:00	-	昼食
13:00～13:50	5時限目	1:1授業（リーディング）
14:00～14:50	6時限目	グループ授業（プレゼンテーション）
15:00～15:50	7時限目	1:1授業（文法）
16:00～16:50	8時限目	1:1授業（発音）
17:00～17:50	-	スペシャルクラス / 自習
17:50～18:50	-	夕食
18:00～20:00	-	外出可能時間
20:00～20:50	-	スペシャルクラス（希望者）
23:00	-	点呼

◆校内設備＆食事について

≪学校≫
食堂、売店、自習室、屋外休憩所、プール、卓球台、ゴルフ練習場、ウォーターサーバー、Wi-Fiなど
≪寮≫
温水シャワー/トイレ、洗面台、ベッド、机・椅子、エアコン、扇風機、収納棚など
≪食事≫
韓国系のメニュー例:ジャージャー麺、海鮮チヂミ、キムチ、キムチスープ、スイカなど

学校スタッフのオススメ理由

クラークとバギオ合わせて3つのキャンパスを持ち、多くの留学生が卒業しています。勉強はもちろんですが、マンツーマン授業で仲よくなった講師とコミュニケーションを取ったり、フィリピン観光、スクールメイトができるなど、留学中にさまざまな貴重な経験をすることができます。

American English Learning Center (AELC)

アメリカン・イングリッシュ・ラーニング・センター（エー・イー・エル・シー）
センター１／センター２

所在地	センター1 Lot 3-2A, Friendship Hi-way Cutcut Angeles City, Pampanga, Philippines センター2 3F Donggwang B/D Recto Hi-way Clarkfield, Pampanga, Philippines
学校公式ウェブサイト	http://aelc.jp/
開講年度	2008年
日系／韓国系	韓国系
生徒定員	センター1 約100名／センター2 約120名
日本人割合	10～40%
日本語スタッフの有無	在籍（正社員：2名）

欧米ネイティブ講師が所属する好環境での学習が可能

他にはあまりない欧米ネイティブ講師が多く在籍していることが特徴です。クラーク地域は昔アメリカ空軍基地があったことから現在でも多くの欧米ネイティブが居住しているためで、2カ国留学を考えている方はプレ留学としても最適でしょう。キャンパスもタイプの異なる2種類があり、学生寮型（センター１）と最高級コンドミニアム型（センター２）から選べるため、生活スタイルを重視する人にもオススメです。

◆学校の特徴

・ネイティブ講師によるマンツーマン授業
・選べる2つのキャンパスを所有
・充実したキャンパス設備

◆主なコース

・一般英語コース（1:1授業4時間、5時間）
・TOEIC コース　・IELTS コース
・ライトコース

◆費用目安

※一般英語コース、4週間、2人部屋費用例

US1,486ドル

※1:1授業が5時間

◆教育スタイル

アメリカ、イギリス、オーストラリアなど、欧米ネイティブ講師からのマンツーマン授業を豊富に提供。スピーキングやリスニング強化、ネイティブ独特の発音、表現方法を学ぶことができ、欧米圏留学前には最適な環境。TOEICなどの試験対策にも特化しており、恵まれた環境で学習を進めることが可能。

■一般英語コース（ESL）

時間	時限数	内容
7:00～8:00	-	朝食
8:00～8:45	朝の授業	単語テスト
8:50～9:35	1時限目	フィリピン人1:1授業（リスニング）
9:40～10:25	2時限目	フィリピン人1:1授業（ライティング）
10:30～11:15	3時限目	自習時間
11:20～12:05	4時限目	フィリピン人1:1授業（スピーキング）
12:10～12:55	-	昼食
12:55～13:40	5時限目	ネイティブグループ授業（プレゼンテーション）
13:45～14:30	6時限目	フィリピン人1:1授業（リーディング）
14:35～15:20	7時限目	ネイティブグループ授業（メディア）
15:25～16:10	8時限目	ネイティブ1:1授業（文法）
16:15～17:00	9時限目	自習時間
17:00～17:50	-	夕食
17:50～18:35	-	ネイティブ選択授業（パターン英語）
18:40～19:25	-	ネイティブ選択授業（発音）
19:30～	-	自習時間/自由時間

※授業は1コマ45分構成、授業間の休憩時間は5分間となります。

◆校内設備＆食事について

≪学校≫
自習室、売店、学生ラウンジ、プール、食堂、ゴルフ練習場、ウォーターサーバー（各フロア設置）、Wi-Fiなど

≪寮≫
温水シャワー/トイレ、ベッド、冷蔵庫、テレビ、エアコン、机・椅子、収納棚、電子レンジ（食堂のみ）など

≪食事≫
韓国系又は日本食系のメニュー例：カツ丼、サムギョプサル、鶏肉のトマト煮、トッポギ、肉じゃがなど

学校スタッフのオススメ理由

ネイティブとのマンツーマン授業の先駆けとなった老舗学校として、ネイティブ講師との授業を目的に多くの留学生が来ています。それ以外にもTOEIC、IELTS、ビジネス英語、海外での就労前（ワーキングホリデー）の勉強、家族留学などさまざまなチャネルを備えています。

Man To Man Boarding School（MMBS）

マン・トゥ・マン・ボーディング・スクール（エム・エム・ビー・エス）

所在地	Rio Madera 2 Tibag, Tarlac City, Philippines
学校公式ウェブサイト	http://www.mmbs.co/
開講年度	2000年
日系／韓国系	韓国系
生徒定員	約270名
日本人割合	60～90%
日本語スタッフの有無	在籍（正社員：4名）

誘惑がない環境で集中でき
校内はアットホームな雰囲気

クラーク中心部から車で1時間程度の郊外エリアにあり、誘惑がない環境で腰を据えて勉強したい方にオススメです。特に2カ国留学を考える長期学生が多く在籍しています。全体的にアットホームな雰囲気で、日本人スタッフが複数名在籍しているので、海外初心者や中学・高校生の単独留学が多いのも特徴です。初心者対応に力を入れており、英語を初歩からしっかり勉強したい社会人学生に人気があります。

◆学校の特徴

・複数の日本人スタッフによる完全サポート
・ホテルインターンシップや就職サポート
・1日最大8時間のマンツーマン授業

◆主なコース

・一般英語コース（1:1授業5時間、8時間）
・TOEIC コース
・文法コース
・インターンシップコース

◆費用目安

※一般英語コース、4週間、2人部屋費用例

160,000円　※1:1授業が5時間

◆教育スタイル

4週間ごとにテストを受け、その結果を基に次の目標をカウンセリングで決めるため、中だるみすることがない。コースは英語初心者～上級者まで幅広く対応できるように用意されており、学生のレベルに合わせてその都度コースを変更することが可能。スパルタ校ではないが、他の生徒への迷惑行為は厳しく罰せられる。

■一般英語コース（A コース）

時間	時限数	内容
7:00～8:00	-	朝食
8:00～8:50	1時限目	1:1授業（文法）
9:00～9:50	2時限目	グループ授業（ディスカッション）
10:00～10:50	3時限目	自習時間 / 休憩時間
11:00～11:50	4時限目	1:1授業（リスニング）
12:00～13:00	-	昼食
13:00～13:50	5時限目	1:1授業（ライティング）
14:00～14:50	6時限目	1:1授業（リーディング）
15:00～15:50	7時限目	自習時間 / 休憩時間
16:00～16:50	8時限目	1:1授業（スピーキング）
17:00～19:00	-	夕食
19:00～20:00	-	夜間オプションクラス（任意）
20:00～	-	自習時間/自由時間

※1コマ50分授業で行われ、タイムテーブルは個々の学生によって異なります。

◆校内設備＆食事について

≪学校≫
食堂、売店、自習室、医務介護室、屋外休憩所、ジム設備、講堂、プール、バスケットコート、バドミントンコート、卓球台、サッカー、フィールド、ジョギングコース、多目的広場、ウォーターサーバー、Wi-Fiなど

≪寮≫
温水シャワー/トイレ、洗面台、ベッド、机・椅子、エアコン、扇風機、収納棚、冷蔵庫など

≪食事≫
日本食系のメニュー例：ご飯、シチュー、シュウマイ、青菜のおひたし、野菜炒め、スライストマト、ヨーグルトなど

学校スタッフのオススメ理由

フィリピンではスピーキングに力を入れる学校が多い中、英語初心者が多い日本人学生のために基礎文法をしっかり学ばせます。中高生の単身留学や日本の大学からの団体の受け入れ依頼も多く、絶対的に安心できる生活を、日本人スタッフがきめ細かなサポートをします。

Baguio JIC

**バギオ・ジェイ・アイ・シー
セミスパルタキャンパス／IB スパルタキャンパス／IELTS スパルタキャンパス**

所在地	セミスパルタキャンパス #73 Del Nacia Apts, Upper West Camp7 Kennon Road, Baguio, Philippines IBスパルタキャンパス #74 Del Nacia Apts, Upper West Camp7 Kennon Road, Baguio, Philippines IELTSスパルタキャンパス #63 Purok3, Upper West Camp7 Kennon Road, Baguio, Philippines
学校公式ウェブサイト	http://baguio-jic.com/2014/
開講年度	2006年
日系／韓国系	韓国系
生徒定員	セミスパルタキャンパス 約70名／IBスパルタキャンパス 約70名 IELTSスパルタキャンパス 約45名
日本人割合	セミスパルタキャンパス 20%／IBスパルタキャンパス 10% IELTSスパルタキャンパス 10%
日本語スタッフの有無	在籍（正社員：1名　学生スタッフ：2名）

1人につき担当教師が1人つき
二人三脚で学習を進める

1コマの授業時間が100分と長く、1人の講師がしっかりと授業を行うため、学生の弱点を見つけやすく、学生と講師が二人三脚で学習を進めることが可能です。1週間ごとに授業スケジュールを変更でき、自分仕様の留学プランを立てられるのも特徴のひとつです。母国語の使用を禁止する制度もありますが、キャンパス内には運動場や野外休憩スペースが多くあるので、ストレスを感じることなく勉強に集中できるでしょう。

◆学校の特徴

・日本人スタッフによるサポート体制
・目的ごとに選べるキャンパスと豊富なカリキュラム
・SSPと入学金を払い直しなくキャンパス変更が可能

◆主なコース

・一般英語コース（1:1授業約4時間、6時間）
・ネイティブコース
・TOEICコース
・TOEIC点数保証コース
・ワーキングホリデーコース
・IELTSコース
・IELTS点数保証コース

◆費用目安

※一般英語コース、4週間、2人部屋費用例

140,000円

※1:1授業が4時間

◆教育スタイル

▼セミスパルタキャンパス
学生のレベルに合わせ、教科書を使って授業を進める。マンツーマン講師が教える科目が決まっているわけではなく、学生の要望に合わせて科目を柔軟に対応できる。

▼IBスパルタキャンパス
グループクラスでは、ディスカッションを行う。無料スペシャルクラスが受講可能。1カ月のターム制で運営しているので、その期間中は授業や講師を変更できない。

▼IELTSスパルタキャンパス
75分のマンツーマン授業で、主にテスト対策を行う。グループクラスへの参加は任意。1カ月のターム制で運営しているので、IBスパルタ同様、期間中は授業や講師を変更できない。

■一般英語コース（プログラムA）

時間	時限数	内容
7:30〜8:20	-	朝食
8:20〜9:10 9:20〜10:10	1〜2時限目	1:1授業（ライティング）
10:20〜11:10 11:20〜12:10	3〜4時限目	グループ授業
12:10〜13:00	-	昼食
13:00〜13:50 14:00〜14:50	5〜6時限目	1:1授業（スピーキング）
15:00〜15:50 16:00〜16:50	7〜8時限目	グループ授業
17:00〜17:50 18:00〜18:50	9〜10時限目	グループ授業
18:30〜19:30	-	夕食
19:30〜	-	自由時間/自習時間

◆校内設備＆食事について

≪学校≫食堂、売店、バドミントンコート、バスケットコート、多目的ホール、ジム設備、ウォーターサーバー、Wi-Fiなど
≪寮≫温水シャワー/トイレ、机・椅子、テレビ、電気コンロ、冷蔵庫、Wi-Fiなど
≪食事≫日本食系のメニュー例：肉じゃが、ご飯、味噌汁、ゴーヤチャンプル、キムチ、フルーツサラダなど

学校スタッフのオススメ理由

学生さんに対しては、日常生活のサポートだけでなく、留学を実際にしたスタッフの経験も踏まえて、英語を実践で活かしていくための考え方をレクチャーしています。この留学が、一度立ち止まって将来のプランを考え直す場所になったらいいなと考えています。

PINES International Academy

パインズ・インターナショナル・アカデミー
クイサンキャンパス／チャピスキャンパス

所在地	クイサンキャンパス 2F, CooYeeSan Plaza Hotel, Naguilian Road, Baguio City, Philippines チャピスキャンパス #49, Chapis Village, Marcos Highway, Baguio City, Philippines
学校公式ウェブサイト	http://www.pinesacademy.com/jp/index.html
開講年度	2001年
日系／韓国系	韓国系
生徒定員	クイサンキャンパス 約300名／チャピスキャンパス 約150名
日本人割合	20～30%
日本語スタッフの有無	在籍（正社員：2名　学生スタッフ：2名）

独自のメソッドや教科書で
効果的に学べるスパルタ校

涼しい環境で、中・長期間しっかりと勉強したい方に最適。学習環境は英語力向上を目指し、英語レベル別のキャンパスや、平日は外出禁止、上級者キャンパスでの母国語禁止、独自テキストやカリキュラムを採用するなど、最大限の努力が見られます。充実した学校設備や、バギオでトップレベルともいわれる優秀な講師、頼れるスタッフにより、厳しくも楽しく勉強できます。6月よりセブに姉妹校Blue Ocean Academyも開講。

◆学校の特徴

・14年の歴史を持つスパルタのパイオニア
・学習モチベーションを維持する2キャンパス
・勤続年数平均3年のベテラン講師陣

◆主なコース

両キャンパス共通

・一般英語コース（1:1授業4時間、5時間、8時間）
・TOEIC コース　・TOEIC Speaking コース
・TOEFL コース　・IELTS コース
・OPIC コース

◆費用目安

※一般英語コース、4週間、2人部屋費用例

152,000円　※1:1授業が5時間

◆教育スタイル

14年の歴史の中で作り上げた英語教育システムにより、1～10のレベルに分け、それぞれのレベルに合った授業を提供。特色の違う2つのキャンパスを置き、長期の留学でもモチベーションを維持することが可能。プレゼンテーションなどの英語を実際に使うイベントも多く、英語能力を根本から改善させていく。

■一般英語コース（Power ESL/ クイサンキャンパス）

時間	時限数	内容
6:30～8:00	-	朝食 / 朝のオプションクラス
8:00～8:50	1時限目	1:1授業（スピーキング）
9:00～9:50	2時限目	1:1授業（発音矯正）
10:00～10:50	3時限目	グループ授業（リスニング）
11:00～11:50	4時限目	グループ授業（ディスカッション）
12:00～13:00	-	昼食
13:00～13:50	5時限目	1:1授業（イディオム）
14:00～14:50	6時限目	グループ授業（ディスカッション）
15:00～15:50	7時限目	1:1授業（表現）
16:00～16:50	8時限目	グループ授業（リスニング）
17:30～20:00	-	夕食 / 自由時間
20:00～23:00	-	オプションクラス
23:00～	-	自由時間 / 自習時間 / 就寝

◆校内設備&食事について

≪学校≫▼クイサンキャンパス
大型ジム、保健室、自習室、パソコン室、大型ホール（卒業パーティー会場）、バスケットコート、薬局、フィリピン料理屋、軽食コーナー、100%果汁飲料店、アイスクリーム屋、ミスタードーナツ、携帯ショップ、ウォーターサーバー、Wi-Fiなど
▼チャピスキャンパス
売店、卓球台、屋上（洗濯物可）、ウォーターサーバー、ランドリー、Wi-Fi、徒歩2分の所にお洒落なカフェなど
≪寮≫▼クイサンキャンパス
Wi-Fi、温水シャワー/トイレ、洗面台、ベッド、机・椅子、鍵付き収納棚、テレビなど
▼チャピスキャンパス
Wi-Fi（各部屋に設置）、温水シャワー/トイレ、洗面台、ベッド、机・椅子、鍵付き収納棚、テレビなど
≪食事≫韓国系又は日本食系メニュー例（韓国食が出るときも辛くないメニューを提供）：塩やきそば、味噌汁、ハンバーグ、サラダ、カツ丼、天ぷら、豚の生姜焼きなど

学校スタッフのオススメ理由

2001 年の開校以来 15,000 人以上の留学生を支援してきました。留学する目的はさまざまですが「英語を話せるようになりたい！」という共通する目的を叶えるために、日々サポートしています。学習面はもとより生活、食事、健康面から遊び方まで悩み相談大歓迎です。

エリア
マニラ

PICOフィリピン英会話研修センター

ピコ・フィリピン・えいかいわけんしゅうセンター

所在地	本部 Unit 401-404 of Admirallty Building, 1101Alagang,Zapote Road,Madrigal Business Park, Muntinlupa-City, Philippines
学校公式ウェブサイト	http://www.picojapan.com/
開講年度	2011年
日系／韓国系	日系
生徒定員	約50名
日本人割合	100%
日本語スタッフの有無	在籍（校長：１名）

オーダーメイドのカリキュラムで 自分に合った勉強方法が選べる

完全オーダーメイド型の授業スタイルで、個々の要望に最大限耳を傾けたカスタマイズが特徴です。フィリピン渡航前の学生から留学目標などをヒアリングし、学校が用意したコースの枠にとらわれない、オリジナルカリキュラムを組むことができます。たとえば、仕事をしながら留学したい、1週間で会話だけ集中的に学びたい、入学日を好みの日程に変更したい、などの要望にも対応してくれます。

◆学校の特徴

・受講者の心に応える日本人経営サポート
・向上心･意欲にしっかり応える教育計画
・安全・快適な学習環境、土曜日授業可

◆主なコース

・一般英語コース（授業内容はオーダーメイド）
※土曜日授業プランなどもあり。
・選択可能科目
TOEIC、TOEFL、BULATS、ビジネス英語、スペシャル、など

◆費用目安

※一般英語コース、4週間、2人部屋費用例

252,000円

※半個室、一般英語コースの場合

◆教育スタイル

渡航前、ネイティブ講師より直接又はSkypeでインタビューし、英語学習目的・会話レベル・長所・短所を把握し、生徒ごとに独自なカリキュラムを作成。学生が目指す目標をきちんと理解し、それに向けた実践的教育を重んじている。ほとんどがマンツーマンレッスン形式で必要な教育に集中できる。

■一般英語コース（PICO Powerコース）

時間	時限数	内容
7:30	-	朝食
8:00～9:00	1時限目	グループ授業（発声練習）
9:00～9:30	-	送迎車で学校へ移動
9:30～10:30	2時限目	1:1授業（文法）
10:30～11:30	3時限目	グループ授業（滑らかさ）
11:30～12:30	4時限目	1:1授業（リスニング）
12:30～13:30	-	昼食
13:30～14:30	5時限目	1:1授業（ライティング）
14:30～15:30	6時限目	1:1授業（スペリング）
15:30～16:30	7時限目	グループ授業（プレゼンテーション）
16:30～17:30	8時限目	グループ授業（日常会話）
17:30～18:00	フリースタイル	カウンセリング、自習など
18:00～	-	送迎車で宿舎移動
		その後、自由

◆校内設備＆食事について

≪学校≫
食堂、売店、会議室、Wi-Fi、ウォーターサーバーなど
≪寮≫
宿舎は、邸宅シェア・個室コンドミニアム・ホテル等の選択ができます。温水シャワー/トイレ、洗面台、ベッド、机・椅子、エアコン、扇風機、収納棚、冷蔵庫、テレビ、Wi-Fiなど
≪食事≫
フィリピン家庭料理（日本人の口に合い、美味しいと高評価）

学校スタッフのオススメ理由

メトロマニラでありながら、静かで、安全・快適に学習に打ち込める心地よい環境です。日本企業も多く集まるビジネスエリアで、地域の警備もしっかりしており、この周囲15～20分程度のエリアは自由に散策、ジョギングできるので、英会話へのモチベーションを養えます。

第5章

成果を大きく分ける留学前の準備

Philippines studying abroad

日本にいるうちから勉強しておこう

予算や時間を確保してフィリピン留学を決意したのなら、あとはその日がくるまで心待ちにしていればよい……というわけにはいきません。留学先での授業を実りあるものにするためには、相応の準備が必要になるのです。では、具体的にどのような準備が必要かといえば、それは**最低限の語彙力と文法を理解すること**です。

日本にいては正しい英語を日常的に聞き続ける環境がないから、留学先で英語のシャワーを浴びればメキメキと英語力が身についてくる……と想像している人が多いのですが、そのようなことはありません。世のなかにはただ聞き流しているだけで英語力が身につくという教材がありますが、これまで学習した基盤があるからそこそこの効果が見込めるわけで、語彙力や文法の知識がなければ理解できないはずです。同じ学習法を、まったく知識のない中国語や韓国語バージョンでやってみれば、まったく理解できそうもないのは想像できると思います。子供は周りの会話を耳にしているうちに自然と言語を習得できているといっても、しっかりとした言葉使いで話せるようになるまでには数年かかるわけですから、時間に余裕のある方はよいかもしれませんが、積極的に英語力を伸ばそうとする方には、正しい勉強法とは思えません。

　また、留学前に英会話教室に通って慣れていたほうがよいのか?と聞かれることもあります。意味のないことではありませんが、英会話は現地へ行ってたくさん経験できるわけですから、割高な日本の英会話教室にわざわざ通う必要はないと思います。それよりも、ひたすら語彙力と文法を磨くことです。

　実際、私はフィリピン人講師から何度も悩みを打ち明けられたことがあります。あまりに語彙力が足りず、ペースが遅々として進まないというのです。フィリピン留学は充実したマンツーマン講習が魅力で、一人ひとりにあった授業をきめ細かくアレンジできますが、語彙力がなければ講師は基本中の基本の単語しか言葉にできませんから、"What's your name?" "Where are you from?"のような単純な質問しかできず、回答もぶつ切りで会話のキャッチボールが続かず、授業が進みません。講師は生徒の実力を考慮し、未習得の単語を少しずつ会話に交えながらレベルアップを図っていくのですが、**あまりに語彙力・文法力が足りない場合はマンツーマンという授業形態が成り立たない**のです。それでどうなるかといえば、まずは基礎を高めるためとして、単語暗記の宿題をたくさん出されたり、マンツーマン授業の代わりに自習の時間が設けられることになります。英語漬けになる環境を得るためにフィリピンに留学した、という意味では、そうした自習の時間を設けることも範疇かもしれませんが、単語の学習はフィリピンでなくてもできるはずです。**せっかくのマンツーマン授業を削**

って、自習室で1人で単語を覚えたり文法を復習したりするというのは、実にもったいない話です。

知識がないのにどうやって授業をすればよいのだろう?というのが講師たちの一番の悩みです。語彙力のなさが授業に支障をきたしていることに生徒が気づき、努力して自習するのであればまだよいのですが、それでも先生がなんとかしてくれると受け身でい続ける人は、「どうにもならない」とぼやいています。もちろん彼らもビジネスですから、本人を目の前に諦めの言葉はつぶやかないのですが、そのような状態ではお互いに信頼関係も築けず、納得がいくだけの英語力を習得するのは厳しいように思います。ですから、**少なくとも中学校の教科書に出てくるレベルの単語は、日本にいるときから復習し、完全に理解しているようにしてください**。単語の暗記は、講師が目の前にいるとメキメキとはかどるという類ではなく、ひたすら自己学習するに尽きます。一定の語彙力があれば、英会話をまともにやったことがないという人でもわりと授業に入っていきやすいのですが、そのレベルさえも危ういようでは、授業が成立しない可能性があります。

英会話を上達しようと思うと、イディオムやスラングといった知識も習得しようと考える人もいますが、私個人としてはある程度レベルが高まってからで十分だと思います。欧米ネイティブとフランクに会話したいのなら必要ですが、彼らにとって外国人である私たちと意思疎通させるときには、一般的な単語や文法を身につけてさえいれば事足ります。向こうもこちらが外国人だとわかっていますから、スラングを使ってくるようなシーンはほとんどありません。私は学生時代、先生からイディオムの本を学習するようにいわれて必死で覚えたのですが、留学先のオーストラリアで活用することはほとんどありませんでした。学習することは無駄ではありませんが、それよりも基本的な語彙力を身につけるほうが何倍も重要です。

発音についても、目くじらを立てる必要はないでしょう。日本語的な発音を悲観的に感じている人が少なくないのですが、英語という言語はリズムとイントネーションが肝心の言語なので、発音が多少悪くても流暢に話すことができれば、普通に聞き取ってもらえます。それに、日本人の英語はそれほど劣悪な発音ではなく、ネイティブに聞いても「日本人の英語は聞きやすい」といってくれる人がほとんどです。言葉の意味を間違えることなく伝えられるのなら、コミュニケーションという目的は達成できます。発音矯正を本腰入れてやるというのは、それこそＴＯＥＩＣ９００点オーバーで、ビジネスで使うために発音に磨きをかけていこうとか、英語を教える立場になろうという段階で十分だと思います。

ツールを最大限に活用しよう

留学前に日本にいる間は、ともかく語彙力・文法力を向上させておきましょう。そのために有効なツールや手段をご紹介します。

●『究極の英単語』シリーズ

特に、語彙力アップは暗記することに尽きますが、世のなかに単語学習本は数多くあり、いったいなにから手をつけたらよいのかわからないという声も聞きます。

私がオススメしたいのは、アルク出版の『究極の英単語』シリーズです。長年の英語教育で培ったノウハウをもとに、日本人英語学習者にとって有効でありネイティブスピーカーの使用頻度も高い1万2000語の重要英単語を4つのレベルに分割し、3000語ごとの全4巻で収録したものです。中学1年生レベルから専門的な学術用語まで網羅しています。レベル1である第1巻は、それこそ"I""is""have"といった、誰もが知っている基本の英単語ばかりが収められているのですが、第2巻になるときっちり勉強していないと理解できていないレベルの英単語が出てきます。この『究極の英単語』シリーズを第2巻まで完全に理解していれば、日常生活で登場する英単語はほぼすべてカバーできるはずで、留学先のマンツーマン授業でも学習した知識を遺憾なく発揮できるようになるはずです。実際は、第１巻の内容で日常会話に登場する語彙の７～８割はカバーしており、第２巻で残りをカバーできるといった具合です。知識としても、第２巻の２０００語をカバーするころには、ＴＯＥＩＣ７００点を超えるレベルになるはずです。書籍のほか、スマートフォン用のアプリもありますので、ぜひ一度取り組んでみることをオススメします。

なお、当書籍の活用方法ですが、私はおよそ４カ月を目安にしたほうがよいとお伝えしています。これは人によってさまざまですが、第１巻は３０００語中２０００語くらいまでは、今更やるまでもなく覚えていたり、サッと確認するだけで思い出せるものだったりします。日常会話が目的であればＴＯＥＩＣ７００点が目安なので、第２巻の２０００語くらいまでを覚えたいところです。そうなると、本腰を入れて覚えなくてはならないのは、第１巻の残り１０００語と第２巻の２０００語を合わせた３０００語。**1日25単語をノルマとして覚えていけば、４カ月ですべてを習得することができます**。覚えるべき単語を、１カ月で25％のペースで進めていく、という考えもよいと思います。完璧に覚えられなかったとしても、一度は脳のなかに入れた記憶はふとしたきっかけでまた引き出されるものであり、留学中に講師の言葉で記憶を呼び覚まされることも多いでしょう。知識がゼロの状態だったのとでは、得られるものがまったく違ってきます。留学先の授業でわからなかった単語に蛍光ペンをつけて逐次的に覚えていくよりも、『究極の英単語』シリーズなら覚えるべき単語をレベルごとに理解できますから、その意味でも遠回りすることなく効率的に学習できると思います。

●インターネットで英語圏の映像を視聴する

　アメリカの「ＣＢＳ」やイギリスの「ＢＢＣ」、日本の「ＮＨＫ ワールド」など、英語でのニュース放送はインターネットを使って視聴可能ですし、キャスターはしっかりとした発音で正しい英語を使っていますので、耳を慣れさせるのに向いています。時事の話題には難しい単語も登場しますが、決まったフレーズが多いので理解もしやすいでしょう。その道のプロフェッショナルたちが持論をプレゼンテーションする「ＴＥＤ」は、専門性が高い内容だと理解が難しいのですが、聴衆に向けてハッキリとわかりやすい言葉遣いをしているのも特徴です。

　また、ユーチューブには英語圏で放映されていたテレビ番組などもアップされており、設定で字幕を出して聞いてみるのも手です。私がカナダに留学していたときは、日本の「料理の鉄人」が吹き替え放送されていて、司会者の「私の記憶が確かならば～」という名フレーズが〝If my memory serves me correctly, ～〟と訳されていました。こうした記憶は強く残ります。ただ、ドラマや映画は要注意です。先ほど述べたようなネイティブ向けのイディオムやスラングがたくさん登場しますので言葉を聞き取ることができず、時間を無駄にしてしまいかねません。さらには、「英語が全然聞き取れない……」と自信を失う危険もありますので気をつけてください。

●レコーダーを使う

世のなかには専門のナレーターがキレイな発音で吹き込んだリスニング教材があふれていますが、キレイな声をずっと耳にしていると集中力を欠き、頭のなかに入ってこなかったり、だんだんと眠くなってきたりしてしまうものです。実は脳科学的には、**耳障りな音ほど頭に残りやすいらしい**のです。しゃがれ声や金切り声などが印象に残るのも、このためでしょう。それで**誰しもが一番頭に残りやすいのは、自分の声**なのです。記録した映像から流れてくる自分の声を聞いて、「こんな声をしているのか」と居心地の悪い思いをした人は少なくないと思います。それだけ、自分の声は異質で耳障りな音なのです。ですから、英語のフレーズを自分で読み上げたものを録音し、それを聞き直すのがリスニングにも発声練習にも役立ちます。最初はこそばゆい気持ちになりますし、鳥肌も立ちますが、効果は抜群です。一連のサイクルは、脳に強く記憶されるはずです。ＩＣレコーダーがあればベストですし、スマートフォンの録音アプリを使っても簡単にできると思います。

●オンライン英会話を試す

スカイプを使ったオンライン英会話なら、日本にいながらフィリピン講師と直接マンツーマントークを行うことも可能です。**1レッスン25分、1日に2回まで可能で、1カ月5000円程度が相場**といわれています。

ただし、現地でのマンツーマン講習と同じく、基本的な語彙力や文法力がなければまともな英会話ができないのは前述したとおりです。また当然ですが、直接相手を目の前にしているのと画面越しでは、コミュニケーションの密度が違います。きちんとしたオンラインサービスは講師も素人ではありませんが、やはり優れた講師は語学学校に在籍していますので、クオリティ面でも差があります。

どうしてもフィリピン留学する時間が取れないのであれば選択肢のひとつに入れてもよいかもしれません。すでに留学を決心しているのであれば、慣れておくという目的に活用できると思います。

各種手続きを済ませる

ここからは、実際の手続きや準備すべきことについて解説していきます。

一番大事な学校への申し込みですが、**基本的には３～４カ月前に手続きを開始しておくとベター**です。人気校でも、これだけ日数に余裕があればたいてい申し込みが通るはずです。

ただ、突然生まれた休暇を留学に充てたい、思い立ったいますぐにフィリピンに行きたい、というときには、１カ月前でも申し込みは可能です。学校やコースの選定、留学する日程、居住する部屋のタイプなどを迅速に確定し、私ども留学エージェントにお伝えいただければ、学校への申し込みや航空チケットの手配、保険の斡旋などを行い、期日までにもろもろをそろえて、フィリピン留学への道筋を立てることが可能です。オススメはしませんが、本当にギリギリのところであれば、２週間前に希望を伺う形でも留学は可能です。もちろん希望先の学校に受け入れの余裕があるかどうかは別ですが、それさえクリアできれば、２週間後の留学も不可能ではありません。

なお、留学エージェントを通さずに本人が直接学校に留学申請することもできなくはありません。ホームページ上に申し込み方法を掲載している学校もあり、必要事項を記入してインターネット経由で送信すればＯＫです。その後、見積もりを取って支払い手続きを行います。

航空チケットの手配や学校までの送迎について学校側はアドバイスしてくれませんので、そこも自ら準備する必要があります。不安要素があるのと手間がかかるため、学生個人の申し込みを受け付けず、留学エージェントの仲介を必須としている学校も存在します。

受講期間ですが、学校は週単位で受け付けています。料金表には４週単位でのみ表記していることが多いのですが、実際には３週間、５週間での申し込みも可能です。４週間でかかる授業料を元に、３週間、５週間の場合を計算すればよいだけです。また基本的に月曜日を週のはじめとして計算するところがほとんどです。

申し込みの際には、時期も重要です。

韓国資本校の場合、韓国人大学生にとって夏休みの７～８月と冬休みの12～２月が繁忙期となるため、申し込みが遅いと希望先に留学できない可能性が高まります。この期間に少しでも重なる時期を考えているのであれば、遅くとも２カ月前には手続きをしていたほうがよいでしょう。ただ、２人部屋希望でも最初の１カ月は４人部屋なら入学できる、というような場合もあり、１カ月前くらいまでなら粘ってみてください。

日本資本校の場合は、韓国資本校ほど激しい繁忙期はありませんが、募集人数の少ない小規模校は、**日本の大学生が学期休みに入る２月中旬から３月末、８月中旬から９月末にかけては満席になってしまう可能性が高い**ので、やはり早めの申し込みが重要です。

海外旅行保険には必ず入ろう

フィリピン滞在時に大きな病気にかかったり万一の事故に遭ってしまったときでも、医療機関で安心して診察・治療を受け、金銭的な補償を受けるため、海外旅行保険に入りましょう。たとえばフィリピンで盲腸の手術を受けることになった場合、10万〜15万円もの費用がかかるといわれます。これが海外旅行保険に入っていれば保険でカバーすることができます。保険未加入であった場合、みなさんが加入されている国民健康保険の海外療養費制度を使って支払いの一部の給付が受けられますが、あまり頼りきれない実情があります。後払いのため現地での満額支払いが必要なこと、医療機関で診療内容を記した証明書や領収書を発行してもらい、帰国後日本語訳も添えて申請しなくてはいけないこと、そして給付されるのはその治療を日本で行った場合の医療費の7割だということです。つまり、フィリピンで１００万円する医療行為が、日本では50万円で行えるものだった場合、50万円×０・７＝35万円しか戻ってこないのです。不確定要素が大きいため、やはり海外旅行保険へ加入しておくほうが安心です。

海外旅行保険は、学校の諸手続きが終わり、飛行機のチケットを取得してから申し込みましょう。これら保険は出発日が決まらないと申請できないからです。多くの保険会社からさまざまな種類の保険が発売されていますから、インターネットで情報を検索したり、担当の留学エージェントに相談して自分に合ったものを見つけてください。基本的には補償額が大きくなるほど保険料も大きくなり、他には歯医者治療などのオプションをどれだけつけるかになりますが、どれを選ぶかはその人の考え次第です。私としては、最低限の補償さえついていれば大丈夫だと考えています。他の手続きで後手に回り、つい申請し忘れてしまったとしても、安心してください。こうした保険は、出発日の空港内でも申請できる有人カウンターや自動販売機がありますので、そちらで行うことも可能です。ただ、空港内での手続きすら忘れてしまって出発してしまった、というのは絶対に避けてください。ほとんどの学校では、明確な条件が提示されていなくても、学生は保険に加入することを原則としています。**保険未加入の留学生は受け入れを拒否される可能性もゼロではありません**から、注意してください。

　クレジットカードにも海外渡航時の保険が付帯しているものがありますが、今一度内容を確認することを強くオススメします。よくあるトラブルが、クレジットカードで申し込みした渡航やサービスの場合のみ、保険を適用するという条件があることです。航空機のチケット代のみならず、授業料も保険適用の条件に含まれる場合、授業料の支払いは現金払い（銀行振り込み）が原則なので、カードでの支払いをしていない場合は適応外となってしまいます。また、適用期間は最大90日と規定されていれば、滞在91日目からはまったくの無保険ということになります。年会費が数万円もするようなクレジットカードであれば補償内容も充実しているかもしれませんが、留学時の保険としてアテにするなら、しっかりと補償内容を確認してください。

公的な届け出も忘れずに

もし1年以上の留学を考えている場合は、検討していただきたい手続きがあります。それが、海外転出届の提出です。

海外転出届とは、海外に生活を移すことを行政に告知する届け出です。仕事での海外異動や本格的な引っ越しの際に使われるものですが、長期の留学にも活用すべき届け出です。実際には、海外転出届の提出については法的に細かな規定がなされておらず、各地域の役所によって対応が異なるのですが、一般的には1年以上の期間が目安になっているようです。海外転出届は、パスポート・住民異動届とともに、市区町村の住民登録窓口に提出します。受け付けは出国の2週間前から可能で、転出先の住所が確定していない場合は国名と都市名の記入のみでも問題ありません。

海外転出届を提出すると、日本の住民登録がなくなり、住民税、国民年金、国民健康保険において税制上のメリットが生じます。住民税は前年度の所得額に応じて支払わなくてはならず、その年の1月1日の時点で居住している地域で課税されるものです。そのため、あらかじめ海外転出届を提出していれば日本に住んでいないことが証明できるため、留学期間によっては前年の収入に対する住民税が免除される場合もあるようです。

国民年金は、法律により20～60歳の日本国民が支払いを義務づけられているものですが、海外転出中はその義務が免除されることになり、支払わずともよいことにされます。ただし、未納期間があると将来支給される年金額が減額されますので、それを避けたいという人は、任意加入という形で海外転出中でも支払い続けることが可能になります。

同じく加入が義務づけられている国民健康保険も、住民登録がなくなることで自動的に脱退することになり、保険証を返納した上で支払いの義務が消滅します。ただし、当然無保険状態となりますから、なるべく早く海外旅行保険の効く渡航先へ出発することが望ましいでしょう。また、１５７ページで紹介した国民健康保険の海外療養費制度を活用することもできなくなります。

税金や各種手続きに関しては制度が複雑で、各自治体によっても異なりますから、最寄りの税務署や地方行政機関に確認してください。なお帰国後は、パスポートと戸籍妙本、転入届を申請すれば住民登録が復活し、各種支払い義務も元に戻ります。

また、**３カ月以上留学する場合は、フィリピンの日本大使館に在留届を提出する必要があります**。外務省のｗｅｂサイトから提出することが可能で、出国前でも出国後でも問題ありません。この届け出をしておくことで、万一の大災害や事件・事故などがあった場合、公的機関との連絡がスムーズになります。

持ち物を最終チェック

いよいよフィリピン留学の日が近づいてきたら、持っていくべき荷物をチェックしましょう。日常生活で使うたいていのものは、学校の売店や街のショッピングモールで買いそろえられますが、必ず持っていくべきもの、持っていったほうがよいものがいくつかあります。

《必ず持っていくもの》

●パスポート

当たり前ですが、パスポートが不可欠です。フィリピン留学の場合、有効期限が半年未満の場合は更新が必要となりますので確認しておきましょう。新規取得や更新には申請から２～３週間かかりますから、余裕を持って確認しておいてください。

●航空券

フィリピン入国時には、往復の航空券が必要です。旅行代理店やインターネットで航空券を購入した場合はＥチケットが発行され、空港のチケットカウンターにて航空券と交換されます。なお、フィリピンにノービザで入国するには１カ月以内に出国できることを証明する帰りの航空券が必要で、これがなければ入国できなかったり、行きの飛行機の搭乗を拒否されたりします。1カ月以上留学する場合は、出国日を変更できるオープンチケットにするか、使わない格安のチケットを用意しておくかのどちらかになります。

●海外旅行保険書

補償内容の書かれた海外旅行保険証明書は、現地でなにかあったときに役立ちます。

●現金

生活費に1カ月2~3万円ほどかかりますので、留学する月数分用意しましょう。深夜早朝に現地空港に到着するケースも多いので、日本の空港で2~3万円分はフィリピン・ペソに両替しておくようにしましょう。市中にも両替所はあり、学校の最初のオリエンテーションで為替レートのよい場所を教えてくれると思います。まれにですが、学校内で両替を行っているところもあります。現金は必要な額だけ持ち歩き、その他は鍵付きのスーツケースに入れて部屋に置いておくのがよいでしょう。学校内に部外者は入ってこられませんので、滅多なことはありません。

●学校の所在地・連絡先

空港で学校のスタッフが待ち構えている手はずだからと、学校の所在地や連絡先などのメモを持参せずやってくる人がたまにいるのですが、痛い目に遭うことがあります。飛行機が遅延して送迎スタッフが帰ってしまい、空港に到着するもどこに行ってよいか、どこに連絡してよいかわからない、となったケースがあるからです。学校の所在地さえわかればタクシーで向かうこともできますから、最低でも学校の名前・住所・電話番号はメモしていきましょう。

●日本語テキスト

学校から支給される教科書は、設問から解説まですべて英語です。日本語の文法書と単語帳を持参すると現地での勉強に役立ちます。現地では手に入りません。

●電子辞書

英和と和英、英英辞典が含まれているものがオススメです。また単語アクセントが確認できるように、発音機能付きも便利です。

●下着・衣類

フィリピンの年平均気温は26～28℃と温暖な気候のため、夏物の衣類を準備してください。学生の多くは、Ｔシャツに半ズボンなどカジュアルな服装で生活しています。現地で購入することも可能です。

●化粧用品・日焼け止め

現地ではオーガニック製品なども購入可能ですが、種類が少なく肌に合わない可能性もありますので、日本で使用していたものを留学期間分準備していきましょう。化粧品は消費期限がありますので、日にちの確認も忘れずに。

●洗面用具

宿泊先は学生寮であり、ホテルのようにアメニティーがそろっているわけではありません。歯ブラシ、歯磨き粉、石鹸、タオル、バスタオル、シャンプー、コンディショナーなどを準備しましょう。ある程度は現地でも買えますが、到着初日は買い物に行く時間がありません。

●医薬品

風邪薬や胃腸薬などは、普段の常備薬を持参しましょう。日本で薬を処方されている場合は専門医に相談の上、留学期間分の準備が必要です。現地でも購入できないことはありませんが、日本と同等の医薬品が手に入る保証はありません。

●眼鏡・コンタクト・洗浄液

コンタクト洗浄液などは、現地での購入はできないと思ってください。使い捨てコンタクトの場合は十分に予備を準備し、万が一のために眼鏡も用意しておきましょう。

《あるとよいもの》

●国際キャッシュカード

日本で作った口座の預金を、現地ＡＴＭにてフィリピン・ペソで引き出せるカードです。為替レートも悪くなく、日本でいるときと同じ感覚で現金を引き出せるため、これがあれば多額の現金を持参する必要がなくなります。三菱東京ＵＦＪ銀行や新生銀行、シティバンクなどで取り扱っています。

●クレジットカード

VISAやMASTERがついたカードがオススメです。マーケットでの買い物には使えませんが、大型ショッピングモールで使用できます。

●食品

粉末のお茶やインスタントみそ汁、お菓子など小分け包装してあるものが便利です。また、日本製のお菓子はフィリピン人スタッフに喜ばれますので、ギフトとして最適です。

●カメラ

週末は観光に行くこともありますから、思い出を残すためにも準備しましょう。

●水着

フィリピンには美しい海が多く、学校施設内にプールがある学校もあります。

●防虫アイテム

フィリピンは暖かい地域のため、虫の被害があります。蚊に刺されないためにも、外出時は虫除けスプレーなどの予防が大切です。

●変圧器

電化製品のアダプタ部分を確認し、１００-２４０Ｖと表示されている場合は国際対応しているため変圧器は不要ですが、それ以外の家電製品を持参するときは、変圧器が必要になります。なおフィリピンの電圧は１２０、２３０、２４０Ｖと地域によって異なり、プラグの形状も日本と同じＡタイプの他、Ｂ３タイプ、Ｃタイプとさまざまです。

●長袖・ストール

授業をする教室は冷房が強く、寒く感じる場合があります。羽織れるパーカーやストールがあると便利です。

●ノートパソコン

授業でノートパソコンを使用したり、レポートを作成するようなことはありません。ただし、ＤＶＤ鑑賞やリスニングのトレーニング、日本の家族や友人との連絡に重宝します。多くの人は、スカイプの音声通話で連絡を取ることが多いようです（回線の問題からビデオ通

——持ち物チェックリスト——

《必ず持っていくもの》

- □パスポート
- □航空券
- □海外旅行保険書
- □現金（フィリピン・ペソ）
- □学校の所在地・連絡先
- □日本語テキスト
- □電子辞書
- □下着・衣類
- □化粧用品・日焼け止め
- □洗面用具
- □医薬品
- □眼鏡・コンタクト・洗浄液

《あるとよいもの》

- □国際キャッシュカード
- □クレジットカード
- □食品
- □カメラ
- □水着
- □防虫アイテム
- □変圧器
- □長袖・ストール
- □ノートパソコン
- □ウェットティッシュ・除菌ジェル
- □雨具

話は困難です）。

●ウェットティッシュ・除菌ジェル

校内は常に清潔に保たれていますが、学校外での食事前には手の除菌を行いましょう。現地でも購入できます。

●雨具

６～10月の雨季はスコールが多いため、折り畳み傘があると便利です。フィリピンでも購入できますが、質が悪くすぐに壊れてしまう傾向にあります。

なお、連絡手段として携帯電話が必要な場合は、現地でプリペイドケータイを購入できます。中古本体に２０００円前後、通話・パケット代は必要に応じて１０００円単位でチャージすれば、フィリピン国内での通話やＳＭＳの使用を問題なく行えます。

第6章

2カ国留学のススメ

Philippines
studying abroad

フィリピン＋αで世界はもっと広がる

はじめにお話ししたように、私がオーストラリアに留学していた２０００年代半ば、周りから韓国人が次々と姿を消していった時期がありました。それからしばらくして彼らを見かけたのは、語学学校ではなく、アルバイト先の店舗であったりインターンシップといった場所。英語を一から学びに来た留学生という立場から一歩抜け出し、英語圏の文化を学びに来た訪問者となっていました。つまり、**英語学習の地をオーストラリアからフィリピンと切り替え、その上で西洋文化を学びに留学しに来ていたわけです**。フィリピン留学がここまで隆盛した現在、私はこのやり方こそ日本人も目指していくべき留学スタイルだと信じています。

私はこれを、「２カ国留学」と呼んでいます。２０１２年ごろから本格的にサービスを導入しはじめてから、これまでおよそ５０００人ほどを２カ国留学に送り出してきました。留学理由はさまざまですが、ひとつの国に留学すること以上の大きな成果を得られたと好評を得ています。

もともとフィリピン留学が日本で知られはじめた２００９年にも、これに似た動きはありました。しかしそれは、フィリピン留学というものがよくわかっていなかった時代。「アメリカやオーストラリアといった本命に渡航する前に、１～２カ月フィリピンにもお試しで行きませんか？」というもので、プレ留学とも呼ばれていました。しかし、本書で説明してきたように欧米の語学学校は逆立ちしてもフィリピンには敵いません。英語能力のアップはフィリピンで行い、それ以上のプラスアルファをアメリカやカナダ、オーストラリア、ヨーロッパ諸国で満たすというスタイルが可能になっているのです。

比重にも気をつけてください。２カ国留学と耳にすると、英語の基礎の基礎だけフィリピンで学んで、中級以上の英語は金髪ネイティブの欧米圏で身につけるのだと想像する人がいるのですが、これは間違っています。**高度なビジネス英語やＴＯＥＩＣ対策を徹底したいのであれば、むしろ少しでも長くフィリピンに留まるべき**です。それは英語初心者であってもＴＯＥＩＣ８００点以上の人でも同じで、英語力そのものを鍛えたいならフィリピンの比重を高めるべきです。２カ国目に訪れる留学地は、鍛えられた英語を実践する場として割り切って考えるのがよいでしょう。実際、英語力の向上を第一に考えている人が２カ国目で思ったように英語力を伸ばせず、「フィリピンに戻りたい」と申し出るケースはあとを絶ちません。お金が無駄にかかってしまいますから、本末転倒なことにならないよう、留学目的を明確にした上で理想的な２カ国留学を組み立てる必要があります。

フィリピンと欧米圏、できることとできないこと

2カ国留学する意味、つまりフィリピン留学でできることとできないこと、欧米圏への留学でできることとできないことを整理してみましょう。

●フィリピン留学でできること

質の高い講師による充実したマンツーマン授業により、英語力を飛躍的に向上させることができます。日常会話レベルはもちろん、TOEICやIELTSの高得点を目指したり、ビジネス英語の習得といった高レベルなコースも豊富に用意されています。

●フィリピン留学でできないこと

留学中、話す相手の99%は先生であり、彼らは学生の語学力を理解した上で寄り添った形で話してくれますから、まったく初対面のネイティブ相手の会話はあまり経験できません。初対面のネイティブ相手の会話こそ「生きた英語」が使われ、ちょっとしたニュアンスの違いがコミュニケーション不全になるシビアなやりとりが行われるもので、タフな心を磨けるわけですが、そうしたシーンはほとんどないでしょう。現地教会や孤児院などでボランティ

アに参加することも不可能ではありませんが、日中の貴重な授業を無駄にしてまで参加する意義は薄いと思います。

●欧米圏の留学でできること

ワーキングホリデーなどを活用して、ボランティア、インターンシップ、アルバイトなどをネイティブの環境に交じって経験できます。そのなかで自分の英語力を試したり欧米圏ならではの慣習やカルチャーを肌で学び、精神的に成長できるはずです。大学や大学院、ビジネス専門学校など、単なる語学学校以上の知識を修了したり、帰国後に英語教師となるための教員資格を取得することも可能です。また、欧州でメジャーな「ケンブリッジ検定」なども、現在のフィリピンで対応している学校は少ないのが現状です。

●欧米圏の留学でできないこと

英語力も伸ばせますが、フィリピン留学ほどのスピード感は実現できません。また、ＴＯＥＩＣやＩＥＬＴＳなどの対策もフィリピン留学に比べれば見劣りします。

最初の渡航国は必ずフィリピンに

ここまで読んでいただいたみなさんには想像がつくと思いますが、２カ国留学の最初は絶対にフィリピンにすべきです。いきなり欧米圏に留学しても、日常で会話できる英語能力は３～４カ月では身につかないからです。

欧米圏へ行けば英語のネイティブが周りにたくさんいて、そのなかで自然と英語が身についていくと夢見がちですが、彼らは講師でもボランティアでもありません。逆の立場で考えればわかりますが、日本語がろくに通じない外国人がいても、積極的に関わろうとする人はまれですし、「日本語の敬語の違いを教えてください」「どうしてこのいい回しになるのですか？」など問われても、学生時代に勉強した頼りない記憶を引き出して「たぶんこうだからじゃない？」とあやふやな答えを口にするか、「わからない」と拒否するだけでしょう。私たちは感覚的に日本語を操っているだけの話で、理論に基づいて理解しているわけではないからです。正確に説明できるのは、それを生業としている教師や言語学者くらいのものです。それでも言葉がわからない外国人に近づくのは、よほどの変わり者かよこしまな考えを持った人くらいでしょう。

ある程度対等に話ができなければ、相手にしてくれるネイティブはいないと考えてください。その状態でボランティアに参加しようとコミュニティセンターに足を運んでも、英語はしゃべれないと伝えれば「なにしに来たの？」といわれ、拒否はされなくてもひとりぼっちの時間を過ごすことになるでしょう。その他のネイティブの人たちとも接点を持つことは現実的に不可能で、話し相手になりえるのは同じ語学学校の生徒だけです。国籍もさまざまな上自分と同じようなレベルの英語でしかコミュニケーションができませんから、やはり交友関係は深くなりにくく、同じ日本人同士でまとまってしまうか、孤立してしまいやすいのです。これは、これまでの欧米留学で生じやすい問題でしたが、いまはフィリピン留学があるわけです。先にフィリピンに留学しておいて、少なくとも日常会話ができるレベルになっておけば、ネイティブと言葉を交わして友達を見つけたり、アルバイトの面接に受かったり、観光地に行っても情報をしっかり理解した上で感動することができるでしょう。さまざまなシーンで、道が開けてくるのです。

　留学となると、つい欧米圏の街並みや景色をイメージしてしまうのも無理はないかもしれません。しかし**2カ国留学を選択できるのであれば、まずはグッと気持ちをこらえて先にフィリピンへ行きましょう。そのほうが断然充実した学生生活を送れますし、回り道せずに人生の貴重な時間を無駄にすることもありません。**メインディッシュはあとにとっておいて、まずは堅実な勉強からはじめましょう。

どれくらいの予算が必要か？

２カ国留学するのに、費用も気になると思います。

２カ国目に訪れる国の為替や物価の違いで変化しますが、欧米圏で勉強する学費と生活費の合計額は、１カ月およそ25〜30万円。一方フィリピンは、１カ月20万円以内が想定費用になります（２０１５年６月時点の為替レートの場合）。月に５万円〜10万円前後の違いがありますが、たとえば２カ国目にワーキングホリデーでオーストラリアに渡航した場合は、フィリピンとは違って現地でアルバイトをして、欧米圏の文化を学びながらお金を稼ぐことが可能です。月16万円以上は問題なく稼げますから、フィリピンとの価格差は解消できます。

よくあるケースを例にとってみましょう。フィリピンで語学学校に４カ月通い、その後１年間ワーキングホリデービザでオーストラリアに滞在し、学校に通わずアルバイト中心の生活をした場合です。フィリピンでは学費・宿泊費・食費に約18万円／月がかかり、諸経費含めて４カ月で約80万円。オーストラリアでの生活費は約12万円／月で、アルバイトが見つかるのには１〜２カ月が一般的ではありますが、余裕を持って３カ月分と計算して計36万円。ほか、渡航費用や保険料、余裕資金など含めると、合計で約１７０万円が必要となります。一般的な１年間のワーキングホリデーの平均予算は、１５０〜１７０万円といわれていますから、フィリピンを含めた2カ国留学を実行した場合でも、総費用に違いはほとんどないのです。もしアルバイトを掛け持ちしたり、たくさんのチップがもらえる職に就けたのなら、トータルの留学費用はもっと低く抑えられるかもしれません。なかには、２カ国留学を１００万円以内で実現した人もいます。

２カ国留学を行う場合に別途見積もる必要があるのは、フィリピンから2カ国目に移動する際の渡航費用です。２カ国目がオーストラリアなら、格安航空を使ってフィリピンから約７万円がかかります。もちろんいったん日本に帰国することも可能ですが、その分航空券代が必要となりますから、特別な理由がない限りは直接2カ国目に渡航するのがよいでしょう。

なお、２カ国留学するつもりがなくフィリピンへ渡ったあとに、思い直して２カ国目に渡航することも可能ですが、ワーキングホリデービザや学生ビザは、日本に帰国しなければビザを受給できない国も多いため、そうした国の場合は観光目的でしか入国できませんので注意してください。アルバイトをすることができなければ、大きな留学費用が必要となってしまいますし、現地で働くという貴重な体験をすることができません。

ビザの申請にはパスポートとクレジットカードが必要で、発給まで2カ月ほどかかります。２カ国留学が気になるのであれば、やはり最初から準備したほうがよいでしょう。

自己紹介用のスピーチをマスターしよう

将来、海外勤務や外資系企業への就職を目指している人もいると思います。留学中の欧米圏でのアルバイト経験は、その国の働き方や仕組みを知る上で大きな役に立つことでしょう。それに、英語を使って働いていたというのは、ひとつの実績として就職時のアピールにもなると思います。

ひとつアドバイスしたいのは、**面接用の英語を身につけること**です。欧米では審査官からの質問に答えるだけでなく自分のアピールをしなくてはなりませんが、これにはあらかじめ対策を立てておく必要があります。「これまでどんな仕事を?」「アパレルです」で終わってはいけません。そこでどんな業務に携わり、どんな成果を上げ、どう成長できたのかを、ある程度まとまった文章で話さなくてはなりません。言葉のキャッチボールではなく、スピーチなのです。どれほど有名な大統領やＣＥＯでも、練習をしないで人の心をつかむスピーチをできる人はいません。ネイティブの人でも、対策をしておかないと面接時に言葉がつまってしまうのですから、私たちも徹底した準備をしなくてはなりません。自分はどんな環境で育ち、どのように成長してきたのか？　どんな性格か？　長所と短所は？　どのような信条を持っているのか？　など、聞かれそうなパターンはある程度決まっています。基本的な回答を決めてしまえば、あとは多少のアレンジで引き出すことができるようになるでしょう。ちなみに**向こうの文化圏では、やりすぎないほどに「はったり」をかますのが基本**です。「御社のやり方に従います」「誠心誠意がんばります」という姿勢では、「結局どんな役に立ってくれるのかわからない」とみなされて不採用となるでしょう。

　2カ国目に行く1～2週間前にでも、懇意にしているフィリピン講師に事情を話して、一緒に面接対策を練ってもらうとよいでしょう。言葉のキャッチボールを行ういつものマンツーマン授業では、スピーチスキルまでは上げられないからです。ここで身につけたスピーチ能力は、面接時以外にもさまざまなシーンで活かされるはずです。向こうはパーティーでも仕事でも、場に1人でも初対面同士の人がいれば、自己紹介タイムがはじまります。自分の素性から性格、考え方まで、言葉で自ら発信するのです。日本には特有の空気感があって「中川です。よろしくお願いします（ニコッ）」と挨拶すれば、あとは徐々に打ち解けていけばよいという雰囲気があります。しかし向こうでそのような対応をすれば、素性を明かしたがらない人とみなされ、誰も興味を示してこないでしょう。実際、海外に行くと自己紹介の多さに驚くと思います。一度テンプレートができてしまえさえすれば応用が利きますから、自己紹介用の英語スピーチを完成させておくことは、さまざまなシーンで役立つと思います。

フィリピン留学
体験記

Philippines
studying abroad

フィリピン留学体験記①

名前	片山裕介さん（仮名）40歳
日本での職業	国内大手ソフトウエアメーカーで営業
学校名	Man To Man Boarding School（MMBS）
留学期間	14週間

留学の動機は、前職に就いている際に近い将来、外国籍の仲間と一緒に仕事をすることになるだろうと感じたことがきっかけでした。当時はほとんど英語が話せなかったので、年齢からくる習熟スピードの低下も考えて、思い切って退職し英語漬けになることを選択しました。

留学した学校では、1日5時間のマンツーマンレッスンに1時間3～4名程度のグループレッスンを受講していました。使われているテキストもよく吟味されていて、いくつかのテキストは留学終了後も使用しています。マンツーマン授業はグラマー、スピーキング、リーディング、リスニング、発音など数多くの授業から選べ、希望すれば日本人スタッフやヘッドティーチャーが個別に相談に乗ってくれます。

私は14週間のフィリピン留学後に、アメリカに8カ月間留学したのでフィリピン留学だけを抜き出して語るのは難しいのですが、MMBSで14週間びっしり勉強したことが英語力の向上に大きくつながったと私は思っています。理由は、アメリカの語学学校は少ないところでも10名前後のクラスで授業をするので、自分のペースでは授業は進みません。最初は周りのペースにまったくついていけず、授業中に発言することはほとんどできませんでした。おそらくあの環境に初めから入っていたら、向上は著しく遅かったであろうと思います。現在は外資系企業に勤務しているのですが、面接では7回の英語面接を突破してオファーをいただけました。私はあまりTOEICの勉強に力を入れませんでしたが、留学後に受けたTOEICは800点でした。

フィリピン留学体験記②

名前	内藤恭子さん 32歳
日本での職業	保険販売員
学校名	TARGET Global English Academy
留学期間	4週間

私はフィリピン留学をする前に、オーストラリアで4カ月間IELTSの勉強をしていました。オーストラリアで学術的な表現や語彙量はつきましたが、日常会話など「英語を話す」ことが苦手でした。一緒に勉強していたクラスメートたちはコロンビア、サウジアラビア、中国人など、彼らが話す英語の流暢さに悔しい思いをし、英語をもっと話す機会がほしくてコストパフォーマンスの高いフィリピン留学を決意しました。

オーストラリアの学校では、受講コースのプログラム内容に従い、授業が展開されます。一方、TARGETでは授業の進め方は各先生と相談して決めていくので、欧米留学にはないフレキシブルな面がありました。先生との距離が近いTARGETのアットホームな雰囲気は、ネイティブ圏にいるときの「英語を話すことへのプレッシャー」がなくなり、日常会話によく使われる語彙やイディオムを習うことで、肩の力を抜き英語を楽しめるように、そして、より多く話せるようになりました。生活環境においては、最初から期待値が低かった分、苦労をしたのは暑さくらいでしょうか。また、英語を話すことを楽しめるようになったいま、留学前には想像できなかった、トランスレーターの職を検討しています。

マンツーマンの授業を受けている内藤さんの様子。

フィリピン留学体験記③

名前	後藤秋作さん 65歳
前職	鉄鋼会社
学校名	English Fella 2キャンパス
留学期間	14週間

「仕事でお世話になったアメリカ人の友人に日本を紹介したい」。これが僕の留学の目的でした。10年前に会って以来、メールで交流を続けてきましたが、時間をかければ英文を理解できるものの、英語での会話はちょっと不安……。しかし妻や子供が背中を押してくれたこともあり、退職を機に思い切って留学を決意しました。

1日にマンツーマン4時間、グループ3時間のコースを受講しましたが、とてもよいバランスだったと思います。自分のペースで理解できるまで繰り返し質問ができるマンツーマン授業は絶対に必要でしたし、グループクラスは多国籍の人と知り合える上に、さまざまなトピックについて相手に伝わるように話す練習をすることで、ためらうことなく自分の意見を発言できるようになりました。

14週間の留学を終え、苦手だったスピーキングとリスニング力が向上したと思います。2カ月、3カ月と経過していくなかで少しずつ自分の成長を感じられるようになりました。特に正しい発音や発声がいかに大切で、実際に聞き取ることができなければ使うこともできないということに気づきました。「65歳なのに本当に英語を学べるのだろうか」と不安な部分はありましたが、実際に来てみると、自分の子供より若い人たちと出会い、話をしたり一緒に食事に出かけたりと、休日面でも本当によい思い出となりました。そしてアメリカ人の友人のガイドですが、来年あたりに実現しそうでワクワクしています!

English Fella 2キャンパスの校内での後藤さん。「フィリピン人の先生とも食事に行って、本当に楽しかったです」

フィリピン留学体験記④

名前	若狭 寛さん 30歳
日本での職業	webデザイナー（会社員）
学校名	CIJ Academy スパルタセンター
留学期間	24週間

昨年、別の語学学校に滞在し、まったく英語ができない状態から少し日常会話ができる状態になり、フィリピン留学は費用対効果を考えた場合とても有意義だと感じました。しかし、英語を仕事に活かすまでには至らなかったため、再度留学しました。

朝6時30分と夜の8時から2回、単語と文章のテストがあるのですが、80点以上を取らないと再試が行われるため、このテストのために毎日1 〜 3時間は勉強する必要がありました。ボキャブラリーは自分で勉強ができるといわれますが、自分で勉強する習慣がうまく作れなかったため、テストのためとはいえ、早起きと強制的に勉強する習慣を作ることができてよかったです。マンツーマンクラスでは自分のいいたいことに合わせてカリキュラムを柔軟に変更していただけたので、とても満足しています。

いままでは、聞き取ることができても単語の意味がわからず結局わからないままのことが多かったのが、最終的にそういった単語も聞き取れるようになりました。子供向けの映画で英語の字幕付きではありますが、映画を英語で見ることができて感動しました。

生活面では気候に適応することに苦労しました。外は暑すぎるくらいですが、学校内やデパートなどは冷房がきつすぎるくらいなので、なにか羽織るものを多めに持って行くことをオススメします。

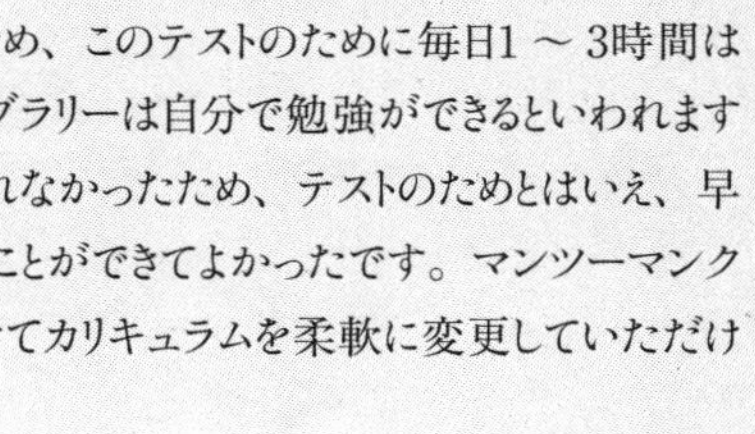

朝晩の単語テストにより語彙力が増えて、
リスニング力も格段にアップしました。

フィリピン留学体験記⑤

名前	山下 唯さん 25歳
日本での職業	接客業受付業務
学校名	SMEAG GLOBAL EDUCATION キャピタルキャンパス
留学期間	7週間

以前から英語の教員になりたいと考えていましたが、日本で教員の資格を取る前に海外留学で英語の実力を身につけたいと思っていました。英語のレッスン以外にもなにか形となる資格がほしいと思い、TOEICの公式試験会場でもあるSMEAG校を選びました。

入学したときはTOEICも受けた経験がなく、エントランス試験も400点ほどしかなかったのですが、1カ月と3週間で、公式試験では800点を取れるほどになりました。現在ではSMEAGが毎週実施しているTOEIC本試験より難易度が高い模擬試験でも800点台を取れるようになりました。スコアを伸ばしたい方は、TOEICモーニングスパルタは絶対に出席したほうがよいです。講師が事細かに文法について説明してくださるので、私も眠い目をこすりながらがんばって受講していました。私の友人のなかでも受けているだけで100点上がる授業と言われていました。そのほかにも、夕食後19時からあるイブニングスパルタもTOEICの公式試験会場になっている会場でリスニング授業を行います。こちらの授業も多くの方々が受講しているので、本番のような緊張感も感じながら、リスニング試験を受けることができます。私の個人的な考えですが、SMEAG入学時400点前後のスコアから800点は、3カ月半ほどで伸ばせると思います。

生活面では慣れるまでに少し時間がかかりました。国籍の異なるルームメイトとは思っていたよりもすぐに打ち解けられたのですが、食事が口に合わないことがあったり、シャワーの水圧が弱く温度調整がうまくいかなかったりしました。また英語漬けの生活がはじまった当初は授業をこなすことに必死で、宿題のために睡眠時間が削られることが辛かったです。逆にセブでの生活に慣れてしまえば、毎日が楽しくて時間があっという間にすぎてしまいました。

おわりに

「フィリピン留学はこれからどうなるのか？」とよく聞かれます。

まず考えられるのは、今後も留学生の主流は韓国人や日本人、中国人といったアジア圏であろうということです。

そもそも欧米圏は、勉強したい人は学校に入学できるが単位を取れなければ卒業できず、働きたい人はいつでも社会に出ればよい、という考えです。勉強するのは学校であって、学校に入るための勉強はありませんから、塾や予備校はありません。彼らが別の言語を学ぼうというときも、あくまで自主性がベースにあり、プライベートの楽しみをなくしてまで勉強しようという人はあまりいません。欧米圏の語学学校もこうした考えが元にありますから、勉強をしていて違和感を覚える日本人も多いのです。また彼らが好む留学地は、バカンスを兼ねているところが多いという特徴もあります。

韓国人によって開拓されたフィリピンの語学学校は、欧米圏とは真逆です。受験競争が厳しい文化が背景にありますから、授業を詰め込み、短期間で最大の効率を上げようという内容です。少し言葉を悪くいえば勉強させられるスタイルで、日本人にとって馴染み深いのはこちらのやり方です。

確かにフィリピンは観光地としても優れていますから、バカンス向け施設を作れないことはありません。ヨーロッパ圏や南米の留学生が、わざわざ東南アジアまで行くのなら純粋に観光に来るだけで、語学留学まで含めようとはしないでしょう。特にヨーロッパ圏の留学生はバカンス留学をするのなら、地中海に人気のマルタ留学があります。すでにフィリピン留学の話は彼らの耳にも届いているはずで、それでもやってくる人が増えてこない現状を考えれば、今後もメインがアジア人であることは変わらなさそうです。

韓国人留学生の数は頭打ちで、子供向けコースなど利用者の先食いがはじまっていますが、全体の総数は横ばいでしょう。しかし、日本はまだまだ伸びしろがあるはずです。年間のフィリピン留学生は、日本は急成長して約3万人ですが、韓国は約12万人と4倍です。韓国は日本に負けず劣らずの少子高齢化社会ですし、総人口は日本の約半分なのに、これだけの数を記録しているのです。韓国並みと考えれば、日本人も24万人ほどが渡航してもおかしくはないのです。もちろんさまざまな事情が異なりますが、英語を取り巻く現状が変わっていく時代を鑑みれば、もっと伸びていくと思います。

これから先、日本資本校はもっと増えていくでしょう。欧米圏で数十年も語学学校を経営していたという大手もやってくるかもしれません。より幅広いプレイヤーが参入することで淘汰が加速し、バラエティ豊かになり、全体としての質もブラッシュアップしていくのだと思います。

日本における英語の必要性は、確実に高まっていくはずです。間違いなくグローバル化していく時代ですから、韓国ほどではなくとも、英語が必要となるシーンは増えていくと思われます。少子高齢化を受けて外国人労働者が増えてくれば、日本にいても英語でコミュニケーションしなくてはいけなくなるでしょう。間もなく東京オリンピックもありますし、海外からの観光客も増える一方ですから、英語ができれば彼ら相手にビジネスをしたり交友関係を築いたりできます。海外に仕事を求めたり、外資系企業も増えるでしょう。

日本のよいところを発信することもできます。私自身オーストラリア留学時代に感じたことですが、日本人特有のきめ細かさ、まじめさ、独特の文化といった日本のよさは海外へ行くほど鮮明に見えてきて、それらを英語で伝えることができます。日本のアピールでもありますし、そこで生まれ育った自分自身の紹介にもなります。

英語の勉強は、なるべく早く、頭の柔らかい、いまのうちにやっておくべきです。歳をとって頭が回らなくなったり、いろいろなしがらみで身動きが取れなくなる前に、留学という手段で一度きっちり学んでみるのはいかがでしょうか。少しでも心が動かされたのなら、一度留学エージェントの説明会に足を運ばれてみるのをオススメします。より詳しい話が聞けますし、同じく志を持った同席者の存在は、なんとなく心強く感じるはずです。

いま一念発起できるかどうかで、未来は大きく変わります。

本書の執筆にあたっては、宝島社の齊藤美穂子さん、青木奏子さん、フリー編集の横山博之さん、デザイナーの鈴木徹さん、留学ドットコムの道家有紗さん、高橋雅美さんのご協力をいただきました。ありがとうございました。

1人でも多くの方に、フィリピン留学の魅力が伝わりましたら幸いです。

平成27年6月20日　中川友康

中川友康（なかがわ　ともやす）

株式会社トリプルファースト代表取締役社長。

1977年7月18日生まれ。北海道千歳市出身。

新潟大学工学部卒業後、オーストラリアへの大学院留学にてMBA（経営学修士号）を取得。大学院で学ぶ傍ら、2003年に留学ドットコム（株式会社トリプルファースト）を創業。

帰国後、自身の10年近い海外生活と、数多くの後輩留学生のサポート経験をもとに、全国で留学説明会を開き、「留学で成功するための秘訣」を講演して回る。無駄なお金をかけず、効率よく最短で成果を出すための海外留学を提唱し、年間約2000名の留学生を海外に送り出す。

現在、自身が運営する留学ドットコムでは、東京、名古屋、大阪、福岡の4拠点にカウンセリング事務所を構える。

デザイン　鈴木 徹（THROB）

英語《えいご》はアジアで学《まな》ぶ時代《じだい》がきた！

フィリピン留学《りゅうがく》決定版《けっていばん》

2015年7月11日　第1刷発行

著　者　　中川友康
発行人　　蓮見清一
発行所　　株式会社宝島社
〒102-8388　東京都千代田区一番町25番地
営業 03-3234-4621　編集 03-3239-0259
http://tkj.jp
振替　00170-1-170829（株）宝島社

印刷・製本　　中央精版印刷株式会社

ISBN978-4-8002-4193-1